O desafio
da organização
nas comunidades
religiosas

COLEÇÃO
—— **LIDERANÇA** ——
ᴱ **VIDA CONSAGRADA**

Autores:

Gɪᴀɴ Fʀᴀɴᴄᴏ Pᴏʟɪ é presbítero da diocese de Albano Laziale, teólogo, filósofo e psicoterapeuta. Professor de Teologia Dogmática no Ateneu Pontifício Regina Apostolorum e na Pontifícia Universidade da Santa Cruz (ISSR, em Apollinare). Leciona Teologia no Instituto de Teologia da Vida Consagrada Claretianum, da Pontifícia Universidade Lateranense. É formador para a dinâmica da vida consagrada e presbiteral. Dirige a revista *La Lode*, da Casa Editora Cassiopea (Pisa).

Gɪᴜsᴇᴘᴘᴇ Cʀᴇᴀ é missionário comboniano, psicólogo e psicoterapeuta. Professor convidado na Pontifícia Universidade Salesiana para as cátedras de Psicologia da Personalidade e Técnicas dos Testes, bem como de Psicologia Transcultural no Instituto de Teologia da Vida Consagrada Claretianum, da Pontifícia Universidade Lateranense.

Vɪɴᴄᴇɴᴢᴏ Cᴏᴍᴏᴅᴏ é leigo, doutor em Sociologia e em Ciências da Comunicação. Professor de Internet e Vida Consagrada no Instituto de Teologia da Vida Consagrada Claretianum, da Pontifícia Universidade Lateranense. Conduz atividades de pesquisa no campo da comunicação.

Títulos:

✓ *Estilos de liderança e vida consagrada*

✓ *Guia eficaz para reuniões de comunidades*

✓ *Liderança e bem-estar interpessoal nas comunidades religiosas*

✓ *Liderança e comunicação na vida consagrada*

✓ *O desafio da organização nas comunidades religiosas*

O desafio
da organização
nas comunidades
religiosas

Gian Franco Poli
Giuseppe Crea
Vincenzo Comodo

Dados Internacionais de Catalogação na Publicação (CIP)
(Câmara Brasileira do Livro, SP, Brasil)

Poli, Gian Franco
O desafio da organização nas comunidades religiosas / Gian
Franco Poli, Giuseppe Crea, Vincenzo Comodo ; [tradução Jaime
A. Clasen]. — São Paulo : Paulinas, 2008. — (Coleção liderança
e vida consagrada)

Título original: La sfida dell'organizzazione nelle comunità
religiose.
ISBN 978-85-356-2233-1
ISBN 88-8075-178-6 (ed. original)
Bibliografia.

1. Comunidades religiosas 2. Organização I. Crea, Giuseppe.
II. Comodo, Vincenzo. III. Título. IV. Série.

08-01648   CDD-248.894

Índices para catálogo sistemático:

1. Comunidades religiosas : Organização : Cristianismo   248.894
2. Organização : Comunidades religiosas : Cristianismo   248.894

Título original da obra: *La sfida dell'organizzazione nelle comunitá religiose*
© 2003 Libreria Editrice Rogate, Roma.

Direção-geral: *Flávia Reginatto*
Editora responsável: *Vera Ivanise Bombonatto*
Tradução: *Jaime A. Clasen*
Copidesque: *Cirano Dias Pelin*
Coordenação de revisão: *Marina Mendonça*
Revisão: *Sandra Sinzato*
Direção de arte: *Irma Cipriani*
Gerente de produção: *Felício Calegaro Neto*
Capa e projeto gráfico: *Wilson Teodoro Garcia*
Foto de capa: *Sergia Ballini*

---

*Nenhuma parte desta obra poderá ser reproduzida ou transmitida
por qualquer forma e/ou quaisquer meios (eletrônico ou mecânico,
incluindo fotocópia e gravação) ou arquivada em qualquer sistema ou
banco de dados sem permissão escrita da Editora. Direitos reservados.*

Paulinas

Rua Pedro de Toledo, 164
04039-000 – São Paulo – SP (Brasil)
Tel.: (11) 2125-3549 – Fax: (11) 2125-3548
http://www.paulinas.org.br – editora@paulinas.com.br
Telemarketing e SAC: 0800-7010081

© Pia Sociedade Filhas de São Paulo – São Paulo, 2008

Sumário

INTRODUÇÃO 9

1

TEOLOGIA DA ORGANIZAÇÃO
Gian Franco Poli

Criar os pressupostos organizativos 16

Determinar os elementos de uma boa organização 16

Ver na mudança do mundo os estímulos para reorganizar o
compromisso pelo Evangelho 20

Governar no "presente" 24

Redefinir o papel e a missão do superior 24

Partir de uma realidade comunitária 28

Sustentar e promover o caminho comunitário 30

Reorganizar a formação 38

Proceder à organização da comunidade 40

Fundir junto: competência dos leigos
e missão dos consagrados 43

2

DINÂMICAS PSICOLÓGICAS NA ORGANIZAÇÃO COMUNITÁRIA
Giuseppe Crea

Pensar a comunidade 49

Organização e bem-estar na estrutura organizativa 50

Percursos de sentido e culturas organizativas
na vida consagrada 53

Alguns modelos reconduzíveis à organização comunitária .. 55

Organização e sistema racional 57

O modelo natural 63

A perspectiva sistêmica 68

Chaves de leitura das experiências comunitárias
e dinâmicas de liderança 72

O desenvolvimento das organizações da vida fraterna entre
modelos rígidos e modelos flexíveis 73

Entre formalismo e adaptação 75

Para uma síntese propositiva na organização
da vida consagrada 77

3
O DESAFIO DA ORGANIZAÇÃO NA VIDA CONSAGRADA
Vincenzo Comodo

Prólogo 80

Correlações e implicações do conceito de liderança 93

O nexo liderança-líder 94

O nexo entre liderança e organização 99

Promover a cultura de liderança na vida consagrada 102

4
AS DIMENSÕES DA ORGANIZAÇÃO: PESQUISA COM UM GRUPO
DE SUPERIORES
Giuseppe Crea & Roberto Baiocco

As motivações da pesquisa 109

Características e composição do grupo de participantes no
curso de formação para superiores(as) 110

Idade civil 112

Nacionalidade 113

Título de estudo 113

Composição com respeito ao papel 114

Anos de permanência como superior 115

Dificuldades encontradas na gestão do cargo
de autoridade 116

Atribuição das dificuldades referidas a si 117

Atribuição das dificuldades referidas
ao ambiente comunitário 120

Do levantamento à gestão das dificuldades: implicações
pedagógicas da pesquisa 123

Discussão final 125

Conclusão 127

Bibliografia 129

Introdução

No começo deste novo milênio, a interpretação do papel do líder pede um compromisso sempre mais "solar", intenso e claro. Múltiplas são as motivações de tal "necessidade". Sem chegar a tratar os relativos e variados *porquês*, não seria tão arriscado — pronunciando o *vade retro* à superficialidade metodológica — atribuir a principal razão de tal exigência à complexificação "global" da sociedade, em plena expansão. Por isso os reflexos deste fenômeno, irreversível e altamente alastrado, propagam-se até na dimensão organizativa, tornando muito mais difícil e problemática a atividade de direção.

Hoje em dia, ser guia de uma organização comporta, antes de tudo, a tomada de consciência da transformação de tal mandato, com tudo o que resulta dele, em termos de novas funções, de ulteriores atenções, de sensibilidades culturais adicionais. Ao perceber a atualização do próprio *status*, um líder deve anotar na agenda pessoal o compromisso diário com a mudança. Não só. Deve fazer com que esse encontro se revele o menos traumático e menos violento possível, além de fecundo e positivo; razão pela qual ele não pode não "sublinhar" a imperiosa necessidade de registrar e de aprender — atenta e inteligentemente — as dinâmicas dessa mudança contínua. Por conseguinte, "sentindo" os impulsos da responsabilidade de condutor, não pode deixar de equipar-se culturalmente, a fim de passar, com habilidade, a orientar a *própria* organização na ultramodernidade, avaliando e gerindo os recursos humanos e culturais de que dispõe, dedicando-se com todas as suas forças a alcançar o sucesso.

Neste tempo de transformações e de conflitos interculturais surge — mais como obrigação do que como escolha — a urgência de abrir-se a "outras" visões de "comando", a "outros" modelos de governo. Um sobretudo: a *liderança*. Um dever, o de conseguir novos conhecimentos e de amadurecer competências ulteriores neste campo, que remete ao clássico — todavia não "eterno" — problema da formação. Um dever, o de pôr em prática novas técnicas, estratégias e táticas, que toda realidade organizativa se impõe. Até a da vida consagrada. Essa emergência e essa situação, de fato, se encontram com grande evidência no universo dos religiosos. Sobretudo se for observada uma série de levantamentos.

De fato, nestes últimos anos, a renovação da vida consagrada favoreceu a construção de comunidades sempre mais significativas, em que os membros são capazes de partilhar uma vida fraterna menos formal, menos autoritária, mais participativa. Tal evolução, porém, nem sempre foi acolhida pelas famílias religiosas, amiúde ocupadas demais com a gestão das obras e com o envelhecimento do pessoal.

As iniciativas de formação, não obstante as orientações do Magistério, empregaram pessoas e capitais, mas os efeitos foram pouco incisivos, por causa de metodologias concentradas na "palavra" do relator, sem preocupar-se em indicar as linhas de renovação e os momentos de verificação. A formação permanente e a específica para os superiores e as superioras pareceram uma espécie de pronto-socorro, uma procura de receitas milagrosas que, no fundo, não traumatizassem demais as comunidades. Tal "respeito" quis justificar o fato de que os membros, ou pela idade ou pela escassa atitude de trabalhar sobre si mesmos, não teriam respondido a processos mais envolventes. Seria injusto pensar que a formação em geral não produziu resultados, ainda que seja perceptível a necessidade e a dificuldade de encontrar pessoas dispostas a aceitar essa tarefa.

A essa suposta "injustiça" está ligado um indicador estatístico bastante significativo relativo ao perfil do guia religioso: a idade avançada de superiores e superioras. A razão se encontraria seja no medo de que as novas gerações não se mostrem suficientemente preparadas, seja em perceber a necessidade de passar a tempo o comando.

Ora, diante das exigências de enfrentar o futuro e de conduzir as organizações religiosas num dia-a-dia sempre mais complexo e conflitivo, é imperativo criar e difundir dentro das mesmas seja uma cultura organizativa, seja uma cultura de liderança. Através dessa combinação — com tudo o que ela comporta — determinar-se-ão as condições não só para viver melhor o serviço da autoridade, mas também para "administrar" a *mudança* em função dos valores fundadores do Instituto ou da Congregação.

Portanto, diante do premente pedido de novas iniciativas na vertente da autoridade e da liderança e com base numa experiência de formação iniciada no seio do Instituto de Teologia da Vida Consagrada Claretianum, da Pontifícia Universidade Lateranense, amadureceu a idéia de inaugurar — com este livro — uma coleção editorial sobre o tema "Liderança e vida consagrada".

A intenção primária, além de "fundamental", é exatamente a de contribuir para a "leitura" da *realidade* religiosa — seja *ab intra*, seja *ad extra* — na *nossa* irrequieta e turbulenta pós-Modernidade. Uma leitura não termina em si mesma, mas deve ser crítica e criativa, deve permitir, através de uma correlação "observadora" interdisciplinar (teológica, psicológica, sociocomunicativa), realizar com eficácia a missão de *líder*, de dirigir a própria comunidade para o sucesso, na ótica da mudança. Em suma: que possa contribuir para "viver melhor o serviço da comunidade".

1

Teologia da organização

Gian Franco Poli

A organização da comunidade não é só uma questão de dinâmica ou de lógica, mas é uma exigência apostólica, quase uma missão específica na comunidade cristã e na sociedade, que a Igreja confia a todos os consagrados e consagradas com "a missão particular de fazer crescer a espiritualidade da comunhão, primeiro no seu seio e depois na própria comunidade eclesial e para além dos seus confins" (Exortação Apostólica *Vita Consecrata* [VC], n. 51).

A comunidade funda-se sobre esta síntese dos valores que se referem a Deus e ao seu Reino. A organização tem um único objetivo: fazer os membros saírem do próprio "eu" para chegar à plenitude do "nós" da identidade vocacional e da aposta de comunhão.

Dois textos da Escritura nos oferecem as coordenadas do tema em questão e delineiam não só as perspectivas nas quais operar, mas, contextualmente, também as escolhas a concretizar para conseguir passar das boas intenções aos fatos:

> Porque sois filhos, Deus enviou a nossos corações o espírito de seu Filho que clama: *Abba*, Pai! (Gl 4,6).

Que todos sejam um como tu, Pai, estás em mim e eu em ti, para que eles estejam em nós, e o mundo creia que tu me enviaste... Eu neles e tu em mim, para que sejam perfeitos na unidade, e o mundo conheça... que os amaste, como amaste a mim (Jo 17,21-25).

A organização da comunidade, como a vida dos membros singulares, é um testemunho vivo do projeto cristão: "Todos nós, judeus ou gregos, escravos ou livres, fomos batizados num só Espírito para sermos um só corpo; e todos bebemos do mesmo Espírito" (1Cor 12,13).

A urgência de coordenar a existência consagrada está, hoje, mais viva do que nunca, apesar das diversas resistências. A análise aguda de Cencini é de algum modo um convite a não encontrar justificações e a olhar para o futuro:

> Especialmente em tempos como estes que a vida consagrada está vivendo hoje, época de êxodo, de saída de uma fase histórica ou do templo com uma certa segurança geral (de identidade, de opções apostólicas, de inserção eclesial e social) para entrar numa época nova, marcada por muita incerteza, mas estendida para um futuro que virá, seja como for; como uma terra prometida que ainda não se vê, contudo se entrevê, para o qual é possível ir, mas por estradas ainda escuras. Todos somos chamados não só para projetar nessa época de êxodo, mas para projetar o próprio êxodo.[1]

A gestão da comunidade nunca é uma operação de mão única, sobretudo quando as resistências vêm de quem é preposto para ser guia da comunidade: a autoridade não é exercício de "poder",

---

[1] CENCINI, A. "... *come olio profumato..." Strumenti di integrazione comunitaria del bene e del male*. Milano, Paoline, 1999. p. 176.

mas serviço da comunidade destinado a orientar os carismas em direção do bem comum e do Reino de Deus.[2]

A organização não deixa de ter dificuldades. No entanto, é certamente mais produtivo correr o risco de algum insucesso do que permanecer inativo por medo de errar.[3] Com efeito,

muitos líderes e administradores temem a mudança, a inovação e as idéias criativas pelo risco que acarretam. Há sempre a possibilidade de que a idéia criativa falhe e o grupo ou a organização sofra uma perda ou um dano. Este medo faz com que sempre se seja tentado a permanecer firme naquilo que se experimentou e verificou no passado.[4]

Uma coisa é certa: quem sabe arriscar, vê os próprios talentos aumentados. Quem se deixa dominar pelo medo, perde até o que tem:

Uma simples política de conservação é insuficiente e deprimente, porque as comunidades, como as pessoas, são organismos vivos, desejosos, palpitantes e não "coisas" para guardar no depósito [...]. Exortar as pessoas não a estar, de maneira perfeccionista, à altura do ideal, mas a dar o melhor de si, permitindo até que errem e aprendam com os erros, é a grande missão da autoridade.[5]

---

[2]   "A autoridade não tem a tarefa de frear ou de tornar-se simpática, mas de conduzir indivíduos e comunidades a transcender-se pelo Reino" (MANENTI, A. *Vivere insieme. Aspetti psicologici*. Bologna, EDB, 1991. p. 104. TOMASI, F. Marchesini de. "*... Ma tra voi non sia così*". *Spunti per un'educazione al servizio di autorità*. Bologna, EDB, 2000. p. 136). [Ed. bras.: *Entre vós não seja assim. Guia ao serviço de liderança*. São Paulo, Paulinas, 2004.]

[3]   A este respeito, a parábola dos talentos (Mt 25,24-30) não poderia ser mais clara.

[4]   RUSH, M. *L'arte di essere leader alla luce della Bibbia*. Milano, Paoline, 1996. pp. 42-43.

[5]   TOMASI, F. Marchesini de. Op. cit. p. 139.

Criar os pressupostos organizativos

As Escrituras e o Magistério eclesial nos fornecem algumas pistas para tentar uma leitura das organizações. Não se trata sempre de expressões diretas. De qualquer modo, porém, são úteis para dar uma visão de conjunto.

As Escrituras falam de "organizar"[6] e de "organização",[7] sublinhando os âmbitos de ação (instituir, ordenar, preparar e regulamentar). É significativa a condenação do rei Roboão, que não escutara os conselhos dos sábios anciãos, mas entregou-se a um exercício violento do poder.[8]

No nosso parecer, o espírito que deve motivar a organização da existência consagrada está resumido nas palavras de Paulo aos filipenses: "Tende em vós os mesmos sentimentos de Cristo Jesus: ele, subsistindo na condição de Deus, não se apegou à sua igualdade com Deus. Mas esvaziou-se a si mesmo assumindo a condição de escravo, tornando-se solidário com os seres humanos" (Fl 2,5-7).

Determinar os elementos de uma boa organização

O agir de Deus nunca é apresentado nas Escrituras como caótico ou desordenado: nele se revela sempre uma lógica or-

---

[6]   Cf. Gn 14,14; 1Mc 2,44; 12,37.

[7]   Cf. Ex 18,21; Dt 20,9; Jz 20,10s; 1Sm 10,19; 2Sm 18,1; 1Rs 9,23; 2Cr 8,12-16; Ecl 5,7.

[8]   "Roboão pediu aos estadistas anciãos da nação que lhe dissessem como deveria governar o povo. Eles responderam: 'Se hoje te mostrares servidor deste povo e a ele servires, se lhes responderes com boas palavras, eles te servirão para sempre' (1Rs 12,7). Mas o rei Roboão ignorou os bons conselhos deles e usou o poder próprio e a autoridade própria para manipular, controlar e explorar o povo. Por conseguinte, a nação se revoltou contra ele e ele perdeu a maior parte do povo" (Rush, M. Op. cit. p. 12).

ganizativa. As primeiras páginas do Gênesis nos apresentam a criação como o resultado de um plano perfeito de ação:

No princípio, Deus criou o céu e a terra. A terra estava deserta e vazia, as trevas cobriam o abismo e o Espírito de Deus pairava sobre as águas. Deus criou o ser humano à sua imagem, à imagem de Deus o criou. Homem e mulher ele os criou. E Deus os abençoou e lhes disse: "Sede fecundos e multiplicai-vos, enchei a terra e submetei-a! Dominai sobre os peixes do mar, as aves do céu e todos os animais que se movem pelo chão" (Gn 1,1-2.27-28). Assim foram concluídos o céu e a terra com todos os seus elementos. No sétimo dia, Deus concluiu toda a obra que tinha feito; e no sétimo dia repousou de toda a obra que fizera. Deus abençoou o sétimo dia e o santificou, porque nesse dia Deus repousou de toda a obra da criação. Essa é a história da criação do céu e da terra (Gn 2,1-4).

Nestas palavras encontramos, de modo admirável, a criação da matéria, da vida e do ser humano e, ao mesmo tempo, a necessidade de organizar as várias atividades... e até o direito ao repouso.

Hoje, a categoria da criação se impõe, sobretudo para reforçar o nexo existente entre as idéias de organização e os modelos concretos que são construídos.[9] A relação entre "criação" e "organização" interpela o modelo atual de vida consagrada. Está ele no fim ou é tempo de repensá-lo?

A criação remete ao hoje. Muitos consagrados se refugiam no seu passado feito de reflexão, saudades, recordações, explicações. Graças a Deus, há também aqueles que, ao contrário, vivem no futuro, com aspirações, projetos, sonhos, anseios e medos. Finalmente, há aqueles que vivem no *hic et nunc*, no aqui e agora, no presente.

---

[9] Cf. Tacconi, G. *Alla ricerca di nuove identità*. Formazione e organizzazione nelle comunità religiose di vita apostolica attiva nel tempo della crisi. Leuman (Torino), Elle Di Ci, 2001. pp. 87s.

Os primeiros têm como unidade de medida o tempo vivido. Os segundos, o tempo a viver. Os do terceiro grupo têm como referência o tempo atual e vivem neste tempo.

Seja isso tudo certo ou errado, o tempo mede o crescimento, o êxito, o fracasso das pessoas e das instituições. O tempo aumenta o valor de um produto ou o reduz. Quem consegue organizar-se, a fim de ser flexível e veloz, chega primeiro, tem mais êxito do que quem é lento e rígido.

Freqüentemente, ouve-se dizer que o tempo é curto e que esse "pouco" é tão precioso que qualquer tentativa de organizar a existência é perda de tempo. Não se muda tanto a mentalidade! As Escrituras não são renunciantes neste aspecto, mas propõem uma visão criativa do tempo.

> Seis dias trabalharás e no sétimo descansarás, para que descansem também o boi e o jumento (cf. Ex 23,12).
>
> Eu darei à terra a chuva a seu tempo, a chuva do outono e da primavera, e colhereis o trigo, o vinho e o azeite (cf. Dt 11,14).
>
> Mas toma cuidado! Presta muita atenção para nunca te esqueceres de tudo o que viste com os próprios olhos, e que isto não se afaste do teu coração por todos os dias da tua vida. Antes, ensina-o a teus filhos e netos (cf. Dt 4,9).
>
> Para tudo há um momento, há um tempo para cada coisa debaixo do céu. Tempo de nascer e tempo de morrer; tempo de plantar e tempo de arrancar a planta. [...] Tempo de rasgar e tempo de costurar; tempo de calar e tempo de falar. Tempo de amar e tempo de odiar; tempo de guerra e tempo de paz (cf. Ecl 3,1-8).

Estas não são idéias abstratas, são indicadores que podem de fato mudar a concepção da existência, ajudando a comunidade e os superiores a agir da maneira como nos lembra, ainda, o livro do Eclesiastes:

O que a pessoa ganha com todo o seu trabalho? Observei as tarefas que Deus impôs às pessoas para delas se ocuparem. As coisas que ele fez são todas boas no tempo oportuno. Além disso, ele pôs no coração humano o sentido do tempo, mas sem que ele chegue a conhecer o princípio e o fim da ação que Deus realiza. E compreendi que não há outra felicidade para alguém senão alegrar-se e, assim, alcançar a felicidade durante a vida. Igualmente, é dom de Deus que todas as pessoas possam comer, beber e desfrutar da felicidade de seu trabalho. Compreendi que tudo o que Deus faz dura para sempre. Nada se pode acrescentar, nada se pode tirar; Deus assim o fez para que o temam (cf. Ecl 3,9-14).

O discurso parte dos "princípios" para chegar à "realidade", na qual a história das comunidades fala a linguagem da *evidência*, que nenhuma terapia nem nenhum curso resolvem, se da parte da pessoa não houver vontade de passar das "boas intenções" ao compromisso dos "itinerários operacionais".

É interessante recuperar uma outra página das Escrituras, em que se descreve uma experiência de organização: a construção da torre de Babel em Gn 11,1-9.

O texto nos fornece quatro elementos decisivos para chegar a uma organização de sucesso:

1) o empenho para conseguir um objetivo ("E disseram: Vamos fazer tijolos [...]" – vv. 3-4);

2) a unidade entre as pessoas e

3) um sistema eficaz de comunicação ("[...] são um só povo e falam uma só língua [...]" – vv. 1-6);

4) sobretudo, porém, fazer a vontade de Deus: apesar dos inícios humanamente perfeitos, a empresa falha porque os construtores não observam a vontade de Deus ("[...] o Senhor os dispersou dali por toda a terra, e eles pararam de construir a cidade [...]" – v. 8).

Um exemplo concreto para afirmar como uma boa organização pode favorecer o êxito de uma iniciativa, sobretudo se todas as pessoas estiverem unidas, se se comunicarem entre si e perseguirem o mesmíssimo objetivo... e, naturalmente, se estiverem de acordo com a vontade de Deus.

Ver na mudança do mundo os estímulos para reorganizar o compromisso pelo Evangelho

Apesar dos notáveis progressos no campo da reflexão teológica, da espiritualidade, da oração, da vida comunitária, da relação com o mundo, permanece a sensação, para a vida cristã em geral e a vida consagrada em especial, de uma renovação inacabada, de uma crise de identidade, de incômodo em enfrentar o futuro.[10]

Apesar dos muitos convites para ser significativos, para participar diretamente do compromisso pelo Evangelho, muitas vezes se percebe que as famílias religiosas se mantêm longe desses projetos, porque estão por demais ocupadas com a gestão das obras.

Não faltaram as palavras autorizadas, os convites para analisar com realismo as mudanças são um bombardeamento contínuo, mas há, ainda, muitas reservas.

Duas contribuições importantes convidam a entender o momento atual, a encontrar novas energias, a reorganizar os recursos, a superar a queda na mentalidade consumista, no aburguesamento, na mediocridade. Na Exortação Apostólica VC, n. 63, João Paulo II, depois de ter elencado algumas dificuldades que as famílias religiosas encontram hoje em várias regiões do mundo, acrescenta:

> Para outros institutos, coloca-se mais o problema da reorganização das obras. Esta tarefa, não fácil e não raro dolorosa, exige estudo

---

[10] Cf. TOMASI, F. Marchesini de. Op. cit. p. 181. Fazemos nossas as indicações pontuais.

e discernimento, à luz de alguns critérios. Importa, por exemplo, salvaguardar o sentido do próprio carisma, promover a vida fraterna, estar atentos às necessidades da Igreja tanto universal como particular, ocupar-se daquilo que o mundo transcura, responder generosamente e com audácia — embora com intervenções forçosamente exíguas — às novas pobrezas, sobretudo nos lugares mais abandonados.

As várias dificuldades, nascidas da diminuição de pessoal e de iniciativas, *não devem de modo algum fazer perder a confiança na força evangélica da vida consagrada*, que permanecerá sempre atual e operante na Igreja. Se os institutos em si mesmos não têm a prerrogativa da perenidade, a vida consagrada continuará alimentando, nos fiéis, a resposta de amor para com Deus e para com os irmãos. Por isso é necessário distinguir a *existência histórica* de determinado Instituto ou de uma forma de vida consagrada da *missão eclesial* da vida consagrada enquanto tal. A primeira pode mudar com a alteração das situações, a segunda é destinada a não definhar.

Também os bispos italianos, nas reflexões que dirigiram aos religiosos e às religiosas por ocasião da Jornada Mundial para a Vida Consagrada de 2002, falam de "mudanças na pastoral", de "comunicação mais eficaz e adequada aos seres humanos em meio aos quais vivemos", de "tradução das orientações pastorais", de "comprometimento co-responsável e inteligente" dos consagrados. E acrescentam: "Enfim, agrada-nos ver em vós os homens e as mulheres da esperança: ajudai as pessoas em redor de vós a não se renderem nunca diante das páginas mais escuras da história, a dar mais uma caminhada na viagem da vida..."

São dois textos provocadores, aos quais se deve responder com criatividade e coragem, reorganizando a consciência de ser "enviados", "mensageiros", como lembra o texto de Lc 10,1-20.

Também Paulo VI, na Exortação Apostólica *Evangelii Nuntiandi* [EN], afirma que "evangelizar não é para ninguém um ato individual e isolado, mas profundamente eclesial" (n. 60). O caráter eclesial e o comunitário da reorganização exigem um esforço sem subestimar que:

> resta muito por fazer, para exprimir ao máximo as potencialidades destes instrumentos da comunhão, necessários particularmente hoje diante das exigências de responder com prontidão e eficácia aos problemas que a Igreja deve enfrentar nas mudanças tão rápidas do nosso tempo.[11]

"Mudança e evangelização" são estradas sobre as quais é preciso que os consagrados transitem continuamente. Nesta perspectiva, é urgente passar da gestão dos argumentos "teórico-espirituais" para a gestão dos argumentos "teológico-aplicativos".

Não se quer negar o valor espiritual da existência consagrada, nem a necessidade de deter-se sobre questões centrais; é preciso, porém, vigiar para que essas oportunidades reflexivas não se tornem um álibi fácil para um imobilismo concreto.

Os bispos italianos, no documento *Comunicar o Evangelho num Mundo em Mudança*, além de uma série de reflexões acerca de como colocar Jesus Cristo no centro da existência, convidam todos os crentes a se porem à escuta. É uma forma de organização que pode significar muito para a evangelização. Também a vida consagrada é chamada a escutar, tendo coragem de reorganizar a própria realidade, não visando exclusivamente às atividades, mas, neste caso, às expectativas dos contemporâneos:

> [...] pôr-se à escuta da cultura do nosso mundo, para discernir as sementes do Verbo já presentes nela, mesmo além dos limites visíveis da Igreja. Escutar as expectativas mais íntimas dos nossos contemporâneos, levar a sério os desejos e as buscas, procurar entender o que faz arder os seus corações e o que, ao contrário,

---

[11] João Paulo II. *Novo Millennio Ineunte* [*No início do novo milênio*]. São Paulo, Paulinas, 2001. n. 44. Col. A voz do papa, n. 180.

suscita neles o medo e a desconfiança; é importante para podermos tornar-nos servos da sua alegria e da sua esperança. Não podemos, de fato, excluir, além disso, que os nossos crentes tenham algo a nos ensinar com respeito à compreensão da vida e que, portanto, por caminhos inesperados, o Senhor possa em certos momentos fazer ouvir a sua voz através deles (n. 34).

As palavras "planejamento, programação..." não têm nada de mágico, não são receitas para diversas necessidades e não são sequer expressões de circunstância para aparecer;[12] são caminhos para uma mudança real, para uma busca constante de tudo o que pode tornar mais profunda a vida cristã.

Não podemos evitar o fato de que nos encontramos numa sociedade dominada pela ciência, pela racionalização, pela tecnologia: faz algum tempo, os esquemas são postos em discussão ou são totalmente abandonados.

Somos todos obrigados a consumir às pressas experiências e projetos, mitologias e ilusões: um engarrafamento de emoções e de papéis que esmagam os significados mais duradouros e as determinações cronográficas.[13]

O tempo vivido parece acelerado e fugidio, superficial e fragmentário: não se consegue mais amadurecer as experiências profundas, duráveis, qualitativas. Sentido e metas, objetivos e valores não parecem determinar de maneira eficaz as etapas da vida: estas, por sua natureza, postulam uma experiência do

---

[12] É oportuno ter um realismo sadio, quando se utilizam termos como "programação, planejamento, organização...", seja para evitar as ilusões fáceis, seja para ter claro que todo discurso inovador necessita de longo tempo. Muitas famílias religiosas adotaram a nomenclatura, construíram "planos operativos" ou a "programação do Instituto/Congregacional" na fase pós-capitular, mas muitas vezes faltou o trabalho paciente necessário para que as novidades organizativas entrassem na mentalidade dos consagrados.

[13] Cf. SECONDIN, B. Senso teologico delle varie età della vita. *Credere Oggi* 19 (1999) n. 109, p. 61.

tempo "assimilado" e "guardado", por isso é incontestável a necessidade de "assimilação" e de "passagem", de "semeadura" e de "espera", de "conversão" e de "transformação".

"Estamos como envenenados pelo tempo 'suspenso', desfocado, 'adiado'. Trata-se quase de uma ameaça fatal para a identidade da pessoa, para as razões estáveis que regem o correr do tempo, para toda a humanidade."[14]

Palavras como administração, planificação, comunicação, marketing, publicidade, relações públicas, estratégia não podem mais ser estranhas, no presente e no futuro, aos consagrados.[15]

Governar no "presente"

A reflexão teológica propõe numerosos indicadores sobre os quais focar-se e atuar, a fim de proceder a uma série de intervenções que promovam, por um lado, uma reavaliação da animação comunitária e, por outro lado, uma acolhida diferente de quem é chamado a desenvolver tal ministério de guia e de promoção dos recursos.

Redefinir o papel e a missão do superior

A história da vida consagrada[16] é diferenciada por numerosas referências do papel primário do superior dentro da comunidade religiosa.

---

[14] Ibid.

[15] Cf. POLI, G. F. Betania... Ossia comunità dinamiche. Dalla rianimazione alla creatività. *Vita Consacrata* 4,(2002) 375-391.

[16] "A história da vida consagrada testemunha maneiras diferentes de viver a única comunhão, de acordo com a natureza de cada um dos institutos. Assim, hoje podemos admirar a 'maravilhosa variedade' das famílias religiosas, das quais a Igreja é rica e que a tornam apta para qualquer boa obra. Portanto,

Entre as intervenções mais recentes está o n. 43 da Exortação Apostólica *Vita Consecrata*, de João Paulo II, que reafirma a importância da função dos superiores e das superioras, mesmo locais, seja para a vida espiritual da comunidade, seja para a sua ação apostólica, e observa que "nestes anos de experiências e mudanças, sentiu-se por vezes a necessidade de uma revisão de tal múnus".

Acrescenta o papa:

> Contudo importa reconhecer que quem exerce a autoridade *não pode abdicar da sua missão* de primeiro responsável da comunidade, qual guia dos irmãos e das irmãs no caminho espiritual e apostólico. Não é fácil, em ambientes fortemente marcados pelo individualismo, fazer compreender e aceitar a função que a autoridade desempenha em proveito de todos (n. 43).

O parágrafo encerra com duas observações complementares, muito importantes: quem detém a autoridade deve saber envolver os irmãos e as irmãs no processo decisório, e isto acontece sobretudo mediante um diálogo sério e sincero: ninguém é "dono" da comunidade. Convém, todavia, não esquecer que cabe à autoridade a última palavra, como lhe compete, depois, "fazer respeitar as decisões tomadas".

Não só dos documentos do Magistério nos vêm indicações preciosas acerca da tarefa da autoridade na organização da comunidade. A sociologia também nos pode dar sugestões muito úteis. F. Alberoni, num artigo de jornal, analisa os prejuízos e as vantagens provocadas por uma autoridade respectivamente ineficiente e eficiente.

---

podemos admirar a variedade das formas de comunidades religiosas" (*A vida fraterna em comunidade.* 3. ed. São Paulo, Paulinas, 1994. n. 10. Col. A voz do papa, n. 135).

Nenhuma empresa jamais faliu por culpa dos operários. Nenhuma empresa jamais faliu por culpa dos sindicatos. As empresas falem porque o empresário ou os dirigentes são incapazes no exercício de sua função. Não sabem compreender o espírito dos tempos, [...] não sabem escolher bem os colaboradores, não sabem motivar aqueles que trabalham com eles. Ou então porque, em vez de se ocuparem com o bem da empresa e com o seu sucesso, ocupam-se com os seus afazeres, deixam-se dominar pelas próprias ambições ou pela própria vaidade [...]. Todo aquele que tem responsabilidade de comando deve cuidar daqueles que dependem dele, compreendê-los, conhecê-los, estar a par dos seus problemas, das suas preocupações, dos seus sonhos, dos seus ideais, das suas frustrações. Mas também saber guiá-los contra a corrente, estimulá-los, incitá-los a se tornarem mais criativos, mais ativos, mais corajosos. Coisa que só é possível com o exemplo.[17]

Se substituirmos "chefe" por "superior", "empresa" por "comunidade", "aqueles que dependem" por "irmãos", encontramos matéria abundante de reflexão; algumas observações se aplicam literalmente à vida da comunidade: as coisas vão mal se os superiores "não sabem compreender o espírito dos tempos", "não sabem motivar...". Os superiores devem entender, conhecer os irmãos, estar a par de suas frustrações também, devem guiá-los contra a corrente também, estimulá-los, torná-los criativos. E devem estar em guarda contra uma tentação específica dos superiores, pois pode acontecer que, "mais que se ocupar com o bem da *comunidade*..., se [deixem] dominar pelas próprias ambições ou pela própria vaidade".

No caminho histórico da Igreja e da vida consagrada, a autoridade sempre foi o centro propulsor e dinâmico da organização de uma família religiosa, a qual se move entre a necessidade de

---

[17] *Corriere della Sera*, Milano, 2.12.2002, p. 1.

fidelidade ao Evangelho e a resposta às diversas vicissitudes que se sucedem no tempo.

Se nos aproximarmos das fontes neotestamentárias, o tema da autoridade se coloca dentro de um discurso parenético que Jesus faz a seus discípulos e discípulas para que aprendam a "não fazer como fazem os que governam as nações" (Mc 10,42-43). O problema existia já no contexto das primeiras comunidades de fiéis. O jogo entre autoridade, poder e verdade ou obediência preocupava os primeiros cristãos. Jesus também procurará de todos os modos desvincular-se dos papéis que as pessoas queriam atribuir a ele para investi-lo de poder.[18]

A mensagem e a práxis de Jesus se colocam dentro de um horizonte crítico e a solicitude que tem para com os seus discípulos e discípulas, chamados a participar do mesmo projeto e da mesma paixão, vivendo o mesmo Batismo e bebendo o mesmo cálice, é modelo inigualável para qualquer autoridade.[19]

Jesus delineia uma autoridade que sabe valorizar os recursos de cada indivíduo, que não tem medo de participar da vida e da história do próprio tempo, que funda o próprio domínio evangélico nas palavras de Lucas: "O Espírito do Senhor está sobre mim, porque ele me ungiu para anunciar a Boa-Nova aos pobres. Enviou-me para proclamar aos aprisionados a libertação, aos

---

[18] "Vendo o sinal que Jesus tinha realizado, aquela gente dizia: 'Na verdade, este é o profeta que há de vir ao mundo'. Percebendo Jesus que pretendiam levá-lo à força para fazê-lo rei, retirou-se de novo, sozinho, para o monte" (Jo 6,14-15).

[19] Depois que Tiago e João tinham pedido a Jesus para sentarem-se um "à tua direita, outro à tua esquerda", provocando a indignação dos outros dez, Jesus "os chamou e disse: Sabeis que os que parecem governar as nações as oprimem e os grandes as tiranizam. Entre vós, porém, não deve ser assim. Ao contrário, quem de vós quiser ser grande, seja vosso servidor; e quem quiser ser o primeiro, seja o escravo de todos. Pois também o Filho do Homem não veio para ser servido, mas para servir e dar a sua vida em resgate de muitos" (Mc 10,38-44).

cegos a recuperação da vista, para pôr em liberdade os oprimidos, e para anunciar um ano da graça do Senhor" (Lc 4,18-21).

Entre os deveres do superior, finalmente, prevalece o de favorecer a missão da comunidade: *ser sinal da fé que se quer anunciar*, pois os membros são crentes. Isso quer dizer que a comunidade é sinal de fé na medida em que é constituída por crentes que a anunciam e testemunham.[20] A Instrução *Partir de Cristo* também propõe uma verdadeira linha estratégica, na qual comunidade e superiores(as) têm razões para se confrontarem:

> Missão fundamental, na hora de reencontrar o sentido e a qualidade da vida consagrada, é a dos superiores e superioras [...]. Essa missão requer uma constante presença, capaz de animar e de propor, de recordar a razão de ser da vida consagrada e de ajudar as pessoas que lhe foram confiadas no sentido de uma fidelidade sempre renovada ao chamado do Espírito. Nenhum superior pode renunciar à sua missão de animação, de ajuda fraterna, de proposta, de escuta e de diálogo. Só assim é que a comunidade toda poderá achar-se unida na plena fraternidade, no serviço apostólico e ministerial (n. 9).[21]

Partir de uma realidade comunitária

Qualquer discurso seria vão se não partisse da realidade concreta da comunidade, antes de tudo da sua composição. Concretamente, as variáveis mais importantes e mais freqüentes na composição das comunidades são, normalmente: a idade dos membros, as suas culturas de proveniência, a sua relação com

---

[20] Para um exame exaustivo do argumento, cf. P. Chávez, "La comunità del CG25: una comunità per il nostro tempo", ANSMAG, jun.-jul./2002, pp. 3s.

[21] *Partir de Cristo. Um renovado compromisso da vida consagrada no terceiro milênio*. São Paulo, Paulinas, 2002. Col. Documentos da Igreja, n. 9.

a realidade social, a sua formação, as situações mais ou menos graves de crise pessoal.

O fato de que nas comunidades "se encontram como irmãos e irmãs pessoas de diversas idades" torna a própria comunidade "sinal de um diálogo sempre possível e de uma comunhão capaz de harmonizar as diferenças" (VC, n. 51).

Ainda mais forte é o testemunho que brota da presença de culturas diferentes. A interculturalidade é a tensão para chegar à igualdade de todos na diversidade: os institutos de vida religiosa podem tornar-se ícone ou laboratórios de vida e práxis mestiças: a mestiçagem étnico-cultural das comunidades se torna um testemunho de que eles podem ser diferentes e, contudo, estar unidos.[22]

Obviamente, estes são resultados não espontâneos: a diferença de idade e de cultura pode provocar dificuldades que são superadas com o empenho de todos e a orientação e animação da autoridade.

Outras dificuldades podem nascer das relações com a realidade social: ceder às modas do momento com diminuição do fervor espiritual e com atitude de desânimo, nutrir sentimentos de superioridade nas comparações com os simples fiéis, a busca exasperada de eficiência, a adoção de um estilo de vida secularizado, a promoção dos valores humanos num sentido unicamente horizontal.

Quando a Exortação Apostólica *Vita Consecrata* (n. 38) apresenta essas dificuldades, previne contra elas chamando-as de *"tentações* que às vezes se apresentam, por insídia diabólica, sob a falsa aparência de bem". É exatamente o fato de apresentar-se sob a aparência de bem que torna essas "tentações" mais

---

[22] ZAGO, M. Interculturalità. In: VV. AA. Supplemento al *Dizionario teológico della vita consacrata* (dirigido por G. F. Poli). Milano, Àncora, 2003. p. 181.

insidiosas: por isso se exige da parte de toda a comunidade, em particular dos superiores, uma vigilância e um discernimento que não cedam às ilusões.

Sustentar e promover o caminho comunitário

Desde sempre as Escrituras acompanharam a família humana, ritmaram as escolhas, as alegrias e os trabalhos. Deus nunca deixou o ser humano sozinho, sempre interveio na gestão do caminho, como recorda o livro do Êxodo:

> Dirás, portanto, aos filhos de Israel: eu sou o Senhor, e vos tirarei dos trabalhos impostos pelos egípcios, vos libertarei da escravidão e vos resgatarei com braço estendido e grandiosos castigos. Eu vos tomarei como meu povo e serei o vosso Deus. Assim sabereis que eu sou o Senhor vosso Deus, que vos liberta dos trabalhos impostos pelos egípcios. Eu vos introduzirei na terra que, com mão levantada, jurei dar a Abraão, a Isaac e a Jacó, e vo-la darei em possessão. Eu sou o Senhor (cf. Ex 6,6-8).

> Pois tu és um povo consagrado ao Senhor teu Deus. O Senhor teu Deus te escolheu dentre todos os povos da terra para seu povo particular. O Senhor afeiçoou-se a vós e vos escolheu, não por serdes mais numerosos que os outros povos — na verdade, sois o menor de todos — e sim porque o Senhor vos amou e quis cumprir o juramento que fez a vossos pais. Foi por isso que o Senhor vos libertou com mão forte, resgatando-vos do lugar da escravidão, das mãos do faraó, rei do Egito (cf. Dt 7,6-8).

Também Jesus, no relato evangélico da "mão paralisada" (Mc 3,1-12), demonstra um cuidado particular pelo ser humano, uma verdadeira lição de sustentação e de promoção, que pode representar um chamado válido para os consagrados e as consagradas de hoje. Aqui está o episódio:

Lá estava um homem com a mão paralisada. E eles o observavam para ver se curaria no sábado, a fim de poderem acusá-lo. Jesus falou ao homem da mão paralisada: "Levanta-te aqui no meio". Então perguntou para eles: "É permitido fazer o bem ou o mal no sábado? Salvar uma vida ou matar?" Mas eles ficaram calados. Jesus passou sobre eles um olhar indignado e triste com a cegueira dos seus corações. Depois disse ao homem: "Estende a mão". Ele a estendeu, e a mão ficou curada. Mas os judeus, saindo dali, imediatamente se reuniram com os herodianos em conselho contra ele, para matá-lo (Mc 3,1-6).

O gesto de Jesus é determinante: "Disse ao homem: 'estende a mão'. Ele a estendeu e a mão ficou curada" (Mc 3,5). Esse milagre pode ajudar a entrar nas numerosas *dificuldades* da vida consagrada, pois a mão, que é o "meio" expressivo mais significativo, pode ser comparada à comunidade, a qual é, por vocação e missão, o "lugar" da expressividade mais consistente do carisma e dos membros, que na realidade de todos os dias se torna o "meio" para a atividade espiritual e apostólica da comunidade.

Mas a comunidade pode ficar *paralisada* e, conseqüentemente, incapaz de sustentar e de promover o caminho dos membros. Jesus, sem o querer, oferece uma série de critérios para superar esta fase.

Intervir na comunidade paralisada

A comunidade é "paralisada" quando não exprime vivacidade e criatividade, quando circunscreve a própria história em gestos repetitivos, com escasso recurso à imaginação e ao acolhimento dos "sinais dos tempos".

O teste para uma comunidade está na disponibilidade a verificar quais objetivos fixou e com quais meios aplicativos os gerencia. "A mão paralisada" indica, por exemplo, que os componentes do grupo escolheram a estrada do individualismo ou das obras, ou que há uma aversão em descobrir novas estratégias de solução para as obras da própria família religiosa.

No problema do individualismo, interveio em particular a Instrução *A vida fraterna em comunidade*, que analisou o fenômeno e sugeriu correções. Valores fundamentais como a liberdade pessoal e o respeito pela pessoa, cultivados de modo unilateral e exasperado, enfraqueceram o ideal da vida comum e esmoreceram em alguns o entusiasmo pelos projetos comuns.[23] Facilmente determináveis são as formas nas quais o individualismo se apresenta:

> A necessidade de protagonismo e a insistência exagerada no próprio bem-estar físico, psíquico e profissional; a preferência pelo trabalho independente e pelo trabalho de prestígio e de nome; a prioridade absoluta dada às próprias aspirações pessoais e ao próprio caminho individual, sem pensar nos outros e sem referências à comunidade.[24]

Como, em geral, nas coisas humanas, a solução está no equilíbrio "entre o respeito à pessoa e ao bem comum, entre as exigências e necessidades de cada um e as da comunidade, entre os carismas pessoais e o projeto apostólico da comunidade".[25]

Trata-se, no fundo, do equilíbrio entre um individualismo que se adapta mal à vida comum e um comunitarismo que sufoca as pessoas. Uma observação importante da instrução se refere ao modo diferente de as comunidades religiosas colocarem-se, com respeito a este problema, nos diversos contextos culturais.

---

[23] Cf. Instrução *A vida fraterna em comunidade*, n. 4.

[24] Ibid. n. 39.

[25] Ibid.

Se o Ocidente peca, freqüentemente, por individualismo, outras culturas se baseiam mais no autoritarismo e no comunitarismo. As comunidades religiosas, no primeiro caso, são chamadas "a ser um sinal profético da possibilidade de realizar em Cristo a fraternidade e a solidariedade",[26] ao passo que, no segundo caso, elas são chamadas "a ser um sinal de respeito e de promoção da pessoa humana, como também do exercício da autoridade de acordo com a vontade de Deus".[27]

Paralisada é também a comunidade que não consegue encontrar as soluções adaptadas para a gestão das obras, num tempo de constantes transformações, ou na qual os religiosos sobrecarregam-se a tal ponto de trabalho que não têm mais nem tempo nem energia para a vida espiritual e a vida comum.

Mas as dificuldades maiores a propósito disso se apresentam quando a família religiosa é obrigada a reestruturar, reorganizar ou até a abandonar obras que talvez administrasse a muitíssimo tempo. Isso pode ser conseqüência da diminuição dos membros ou pelo fato de o Estado assumir os serviços antes oferecidos pelos religiosos. As comunidades que se encontrarem diante dessas escolhas e decisões — sempre difíceis e sempre causa de conflitos e sofrimentos — deverão seguir critérios que salvaguardem o carisma, o serviço ao Povo de Deus e o testemunho religioso, mais concretamente,

> o empenho de salvaguardar o significado do próprio carisma em determinado ambiente, a preocupação de manter viva uma autêntica vida fraterna e a atenção às necessidades da Igreja particular. É preciso, portanto, um confiante e constante diálogo com a Igreja particular e também uma ligação eficaz com os organismos de comunhão dos religiosos. Além da atenção às necessidades da Igreja

---

[26] Ibid., n. 52.
[27] Ibid.

particular, a comunidade religiosa deve sentir-se sensibilizada por aquilo que o mundo transcura, isto é, pelas novas pobrezas e pelas novas misérias sob as multíplices formas nas quais se apresentam nas diversas regiões do mundo.[28]

Pôr a comunidade no centro

Jesus pede ao homem da mão paralisada que "se coloque no meio da praça". A comunidade no centro não quer dizer a "comunidade sob acusação", mas a comunidade como o bem maior, como realidade para vivificar, organizar, reavaliar, revitalizar, tornando-a "lugar para ouvir e participar da Palavra, da celebração litúrgica, da pedagogia da oração, do acompanhamento e da direção espiritual".[29]

Esse homem é chamado a superar os vários condicionamentos "comunitários", a apostar no convite de Jesus, superando os julgamentos da praça. Deixar a beirada e ir ao centro não é suficiente, Jesus pede que o interlocutor "estenda a não". É um salto no vazio, mas ele não recua, ele nos prova, revela a vontade de mudança, de renovação.

Organizar a comunidade, verificar a capacidade de gestão, adquirir projetos,[30] apoiá-los com a história cotidiana das pessoas,

---

[28] *A vida fraterna em comunidade*, n. 67.

[29] Instrução *Partir de Cristo*, n. 8.

[30] "Hoje se verifica uma maior liberdade no exercício do apostolado, uma irradiação mais consciente, uma solidariedade que se exprime com o saber estar ao lado das pessoas, assumindo-lhes os problemas para os responder, pois, com uma forte atenção aos sinais dos tempos e às suas exigências. Esta multiplicação de iniciativas demonstrou a importância que o planejamento reveste na missão, quando se quer realizá-la não improvisando, mas de forma orgânica e eficiente" (*Partir de Cristo*, n. 36).

é como pôr-se no centro, é como sair ao descoberto, declarando a todos a própria fadiga e os próprios problemas.[31]

A comunidade real é a comunidade das pessoas com suas "luzes" e suas "sombras", com os dias de sol ou de frio, a comunidade que não se mascara nem se esconde no espiritual, a comunidade que chama a dificuldade com nome e sobrenome, que não dá desculpas nem toma atalhos, uma comunidade que se coloca no centro, para arriscar e para mudar.

No episódio evangélico, nota-se a estratégia de Jesus com os fariseus: não foge deles, enfrenta-os abertamente. Eles estão prontos para invocar a lei e a norma, se ousará curar em dia de sábado. Jesus não se dá por vencido diante das acusações e críticas deles, vai além. Ataca esse tipo de pessoas, que amam a fachada e têm medo da verdade.

O método que pode ajudar a enfrentar a realidade comunitária, a verificar a capacidade de planejamento, nunca tem nada de mágico, tem sempre tempos longos. Quem é chefe não deve temer pôr em evidência os "males comunitários", mas deve encontrar os meios de cura e as estratégias mais adaptadas para levantar a qualidade da vida fraterna e apostólica.

Na medida em que os membros souberem "sair a descoberto", a vida da comunidade poderá ter futuro. Freqüentemente se fala da "vida comunitária" só pelo fato de se rezar, comer e viver sob o mesmo teto, esquecendo-se dos outros fatores determinantes, sobretudo o de ter uma missão unitária.

A gestão de uma comunidade parte da capacidade de verificar se todos os membros têm claro o que significa "não

---

[31] "Também os 'projetos comunitários', que podem ajudar na participação da vida da comunidade e em sua missão nos diversos contextos, deveriam ter a preocupação de definir bem o papel e a competência da autoridade, sempre no respeito às constituições" (*A vida fraterna em comunidade*, n. 51).

existe vida consagrada sem vida fraterna". As duas realidades são inseparáveis. Este é o ponto de partida para redesenhar a organização da comunidade, para superar as divergências, os impulsos individualistas.

A "mão estendida" é a imagem da comunidade que se deixa cuidar, que afasta as defesas pessoais e comunitárias, que não utiliza os lugares comuns habituais para dar um passo à frente e outro atrás e, por conseguinte, permanecer sempre no mesmo ponto.

Para gerir os recursos de uma comunidade, é preciso apostar na potencialidade dos membros, propondo uma série de exercícios de reabilitação, de modo que os membros endurecidos e paralisados consigam fazer os dons recebidos dar frutos, em busca de estratégias que visem a respostas adequadas aos "sinais dos tempos".

Tal coragem tem um custo muito alto que se chama "risco", "fantasia", "futuro". Esses são os encontros que Cristo confiou ao homem curado, ao homem exposto, ao homem que não teve medo de fazer com que todos vissem a "sua mão paralisada". Ninguém respondeu às perguntas de Jesus, ninguém saiu a descoberto, todos preferiram observar. Que tristeza ser chamado e rejeitar a proposta.

Também a comunidade pode viver a mesma experiência: é chamada a participar, a entrar em novos itinerários de partilha. Atenção com quem prefere permanecer à margem, ser eterno espectador. Quem não se suja de comunidade, que não "entra e paga para ver", não pode absolutamente afirmar que entendeu o que quer dizer "ser e fazer mais comunidade".

É indispensável enfrentar imediatamente a realidade comunitária, buscando as respostas visadas para uma gestão da vida fraterna, com uma atenção particular às diversas faixas de idade, a fim de que as diferenças não sejam motivo de diferença, mas ocasiões de enriquecimento. Obviamente, este é um objetivo para o qual os responsáveis pela comunidade dão uma contribuição fundamental. De fato, "nesse contexto diversificado e mutável, torna-se sempre mais importante o papel unificador dos responsáveis de comunidade, para os quais é oportuno prever apoios específicos da parte da formação permanente, em vista de sua tarefa de animação da vida fraterna e apostólica".[32]

Mas também, independentemente das várias fases da vida,

cada idade pode conhecer situações críticas devido à intervenção de fatores externos — mudanças de lugar ou de serviço, dificuldades no trabalho ou insucesso apostólico, incompreensão ou marginalização etc. — ou devido a fatores mais estritamente pessoais — doença física ou psíquica, aridez espiritual, lutos, problemas de relacionamento interpessoal, fortes tentações, crises de fé ou de identidade, sensação de inutilidade e outros semelhantes.[33]

Pelo modo como a comunidade enfrenta e resolve esses casos — mediante o empenho dos superiores, certamente, mas também de todos os irmãos —, se compreende a que nível comunitário se chegou:

Na vida de comunidade, também se deve tornar de algum modo palpável que a comunhão fraterna, antes de ser instrumento para uma determinada missão, é espaço teologal, onde se pode experimentar a presença mística do Senhor ressuscitado (cf. Mt 18,20). Isto verifica-se graças ao amor recíproco de quantos compõem a comunidade: um amor alimentado pela Palavra e pela Eucaristia, purificado no sacramento da Reconciliação, sustentado

---

[32] A vida fraterna em comunidade, n. 43.
[33] Vita Consecrata. São Paulo, Paulinas, 1996. n. 70. Col. A voz do papa, n. 147.

pela invocação da unidade, especial dom do Espírito para aqueles que se colocam numa escuta obediente do Evangelho.[34]

Reorganizar a formação

Nas comunidades, também pode causar problema a diversidade da formação dos membros e uma certa resistência à formação permanente. Já é idéia comumente aceita que "a renovação da vida consagrada depende principalmente da formação" (VC, n. 68).

Isso exige que a formação não tenha nada de improvisação, mas se baseie em "um método rico de sabedoria espiritual e pedagógica". Ser "pessoa consagrada" não é uma coisa automática numa época de crescente marginalização dos valores religiosos da cultura; não é algo que parece óbvio aos olhos do mundo.

É preciso, pois, um severo percurso formativo para tornar-se, real e concretamente, sinal visível da presença de Deus num mundo que o ignora. E não se torna sinal da presença de Deus uma vez para sempre, num chamado "período formativo": toda a vida é período formativo. A formação permanente é necessária porque

> o anúncio cristão da vida deve deparar-se com concepções e projetos dominados por culturas e histórias sociais extremamente diversificadas. Existe o risco de que as opções subjetivas, os projetos individuais e as orientações locais venham a sobrepor-se à regra, ao estilo de vida comunitária e ao projeto apostólico do Instituto. Faz-se necessário um diálogo formativo capaz de acolher as características humanas, sociais e espirituais de cada um, discernindo nelas os limites humanos, que pedem a superação, e as provocações do Espírito, capazes de renovar seja a vida do

---

[34] Ibid., n. 42.

indivíduo, seja a do próprio Instituto. Num tempo de profundas transformações, a formação deverá estar atenta em radicar no coração dos jovens consagrados os valores humanos, espirituais e carismáticos necessários para fazê-los idôneos a realizar uma "fidelidade criativa" no sulco da tradição espiritual e apostólica do Instituto.[35]

Seria absolutamente sem sentido pretender dar, de uma vez por todas, uma formação que permita enfrentar um programa semelhante. Daí a urgência de uma organização da formação em todos os níveis da família religiosa, tanto por parte de quem desenvolve o serviço da autoridade como por parte de todos os membros. É verdade que, depois do documento *Potissimum Institutioni*, todos os responsáveis pelos institutos religiosos consideram a formação permanente de vital importância para o futuro da vida consagrada, mas ainda não foram superadas todas as dificuldades. Uma delas: os superiores deverão enfrentar com tato, delicadeza, mas também com firmeza, uma eventual resistência por parte de alguém a que se considere necessitado de uma formação contínua a comportar-se de acordo.

Nas comunidades, portanto, não faltam casos de pessoas consagradas "em crise". São as pessoas para as quais toda a comunidade deve olhar com o máximo respeito e a máxima benevolência, exatamente porque a casa religiosa não é "simplesmente um lugar de residência, um aglomerado de pessoas, cada uma vivendo uma história individual, mas uma comunidade fraterna em Cristo" (*Vida fraterna em comunidade*, n. 50). Os motivos da crise podem ser múltiplos:

- horário, a sobrecarga de trabalhos e as diversas fadigas;[36]

---

[35] *Partir de Cristo*, n. 18.

[36] *A vida fraterna em comunidade*, n. 17.

- o caminho que vai do homem velho, que tende a fechar-se em si mesmo, ao homem novo, que se doa aos outros, é longo e cansativo;[37]
- qualquer forma de comunicação comporta itinerários e dificuldades psicológicas particulares [...];[38]
- uma identidade incerta pode impelir, especialmente nos momentos de dificuldade, para uma auto-realização mal-entendida, com a necessidade extrema de resultados positivos e da aprovação da parte dos outros, com exagerado medo do fracasso e depressão pelos insucessos.[39]

A presença de pessoas em crise, que não se encontram à vontade na comunidade, pode criar notáveis dificuldades. Todos os membros e, antes de tudo, obviamente, os superiores, devem procurar entender essas pessoas, perceber claramente a origem de seu sofrimento, onde poder prestar uma ajuda verdadeiramente eficaz. Em alguns casos se recorrerá, de modo discreto e não generalizado, às ciências humanas, tendo sempre presente que elas nunca podem substituir uma autêntica direção espiritual.[40]

Proceder à organização da comunidade

A organização no centro da comunidade! É claro que tal afirmação se aplica a todos os componentes, dos superiores a todos os outros membros da comunidade. Não é só a dimensão comunitária em si que deve ser levada em consideração, mas

---

[37] *A vida fraterna em comunidade*, n. 21

[38] Ibid., n. 33.

[39] Ibid., n. 36.

[40] CONGREGAÇÃO para os Institutos de Vida Consagrada e as Sociedades de Vida Apostólica. *Potissimum Institutioni*. Roma, 2.2.1990. n. 52. Para toda esta problemática, ver também os nn. 37-39 de *A vida fraterna em comunidade*.

também a necessidade de levar toda comunidade local a tornar-se capaz de organizar-se a si mesma.

É um trabalho que todo membro da comunidade deve realizar, superando a tentação de uma visão em "medida pessoal" por uma visão "comunitária". Nessa perspectiva trata-se de recuperar a graça da unidade como síntese vital entre vida fraterna e seguimento radical de Cristo, de construir uma resposta capaz de ser expressão de todos os componentes da comunidade. A vida consagrada

> não é um mundo em si, que de alguma forma misteriosa cai diretamente do céu no caminho dos seres humanos. Com efeito, não é um produto "celeste" confeccionado fora da história, que é preciso conservar na sua forma estabelecida, como se fosse santa e intocável. Ela se constrói e é construída, de modo permanente, no interior do caminho eclesial, das fases culturais, da história dos seres humanos concretos.[41]

Cada época tem a comunidade e os(as) superiores que merece! Não é um *slogan*, mas uma constatação! Faz parte do trabalho da comunidade descobrir superiores para animar e gerir as variadas realidades comunitárias.

Não se pode continuar a falar da comunidade em sentido teórico, repetindo a literatura já escrita sobre o assunto; é indispensável enfrentar a realidade do grupo à luz da história de cada família religiosa, cada uma com sua *Regra de vida* ou *Constituição*: as famílias dedicadas integralmente à contemplação, imagem do Cristo que prega sobre o monte; aquelas de vida ativa, que o manifestam enquanto anunciam o Reino de Deus; e os institutos seculares, que dão o seu testemunho no mundo

---

[41] SECONDIN, B. La vita consacrata nel postconcilio: tra crisi e *kairós*. *Credere Oggi* 6 (1991) 5.

a fim de que as realidades temporais sejam ordenadas segundo Deus.[42] O fato é que

> não se pode mais enfrentar o futuro em meio à dispersão. É preciso ser Igreja, viver juntos a aventura do Espírito e do seguimento de Cristo, de comunicar a experiência do Evangelho, aprendendo a amar a comunidade e a família religiosa do outro como própria. As alegrias e as dores, as preocupações e os sucessos podem ser partilhados e são de todos.[43]

Nesta perspectiva, o terceiro milênio convida as famílias religiosas a encontrar uma resposta para o nosso tempo, decifrando "no espelho da história, bem como no da atualidade, os vestígios e sinais do Espírito e as *sementes do Verbo*, presentes hoje como sempre na vida e na cultura humana".[44] A interpretação dos "sinais dos tempos", porém, é tarefa árdua, que vai além da capacidade humana, para a qual

> é necessário que o próprio Senhor se faça nosso companheiro de viagem — como com os discípulos que iam em direção a Emaús — e nos dê o seu Espírito. Somente ele, presente no meio de nós, pode fazer-nos compreender plenamente a sua Palavra e atualizá-la, pode iluminar as mentes e aquecer os corações.[45]

Mas para passar para a organização da comunidade é necessária uma determinação, como fez Jesus quando, ao visitar a família de Lázaro, ordenou:

> "Tirai a pedra". Marta, irmã do morto, disse "Senhor, já está cheirando mal, pois já são quatro dias que está aí". Jesus respondeu: "Eu não te disse que, se acreditasses, verias a glória de Deus?"

---

[42] Cf. *Vita consecrata*, n. 32.

[43] *Partir de Cristo*, n. 30.

[44] Ibid. n. 2.

[45] Ibid.

Tiraram, então, a pedra. Jesus levantou os olhos para o alto e [...] gritou bem forte: "Lázaro, vem para fora!" O morto saiu com os pés e as mãos atados com faixas e o rosto envolto num sudário. Jesus ordenou: "Desatai-o e deixai-o andar" (cf. Jo 11,39-44).

Ter coragem de tirar o que impede que o sopro de Deus "entre", ter vontade de abrir o que esteve fechado até esse momento é como passar das palavras aos fatos. É como chegar a experimentar a organização como oportunidade, futuro, aposta no presente.

Jesus não se preocupou com o cheiro! Ele não viera para entrar nos lugares sem cheiro, onde tudo é perfeito; veio e vem para mudar seriamente a vida de todos. A propósito disso, as palavras do Apocalipse — "já estou chegando e batendo à porta; se alguém ouvir a minha voz e abrir a porta, entrarei em sua casa, e juntos faremos a refeição" (Ap 3,20) — são a coragem daquele que precisa da vida consagrada para tentar novos meios de ação.

Fundir junto: competência dos leigos e missão dos consagrados

É sempre mais claro que o futuro da vida consagrada pertence simultaneamente aos leigos.[46] Tal consciência pede a ativação de estratégias para favorecer a sua presença, a qual não pode apenas responder a uma integração devida à diminuição do pessoal ou a uma moda, mas deve constituir um desafio marcante no horizonte da partilha e da participação.[47]

---

[46] Cf. POLI, G. F. *Osare la svolta. Religiosi e laici insieme al servizio del Regno* [sic]. Milano, Àncora, 2000.

[47] "No entanto, para alcançar esse objetivo [a partilha dos bens do Espírito] é necessário ter comunidades religiosas com clara identidade carismática, assimilada e vivida, isto é, em condições de transmiti-la também aos outros,

Os leigos podem ser comprometidos no trabalho apostólico de várias maneiras: na nova forma dos chamados membros associados ou pela participação temporária da vida comunitária, seja no caso de comunidades contemplativas, seja no caso de comunidades ativas, na forma de voluntariado, sem excluir a participação dos leigos no nível da decisão.[48] No entanto, continua sendo básico que os superiores ajudem os membros da comunidade a convencer-se de que a primeira forma de partilha é a comunicação da experiência espiritual e carismática, com a qual cada membro revela as coordenadas da própria existência de consagração.[49]

---

com disponibilidade para a partilha. Comunidades religiosas com intensa espiritualidade e com entusiasta missionariedade, para comunicar o mesmo espírito e o mesmo impulso evangelizador; comunidades religiosas que saibam animar e encorajar os leigos a compartilhar o carisma do próprio instituto, de acordo com sua índole secular e de acordo com seu estilo diferente de vida, convidando-os a descobrir novas formas de atualizar o mesmo carisma e a mesma missão. Assim, a comunidade religiosa pode tornar-se um centro de irradiação, de força espiritual, de animação, de fraternidade que cria fraternidade e de comunhão e colaboração eclesial, onde os diversos contributos colaboram para a construção do corpo de Cristo, que é a Igreja. Naturalmente, a mais estreita colaboração deve desenvolver-se no respeito às recíprocas vocações e aos diversos estilos de vida próprios dos religiosos e dos leigos" (*A vida fraterna em comunidade*, n. 70).

[48] Para toda esta problemática da participação dos leigos, ver *Vita Consecrata*, nn. 54-56. *A vida fraterna em comunidade*, n. 70. *Christifideles laici*. São Paulo, Paulinas, 1990. n. 2. Col. A voz do papa, n. 119.

[49] "A comunidade religiosa, em sua estrutura, em suas motivações, em seus valores qualificantes, torna publicamente visível e continuamente perceptível o dom da fraternidade feito por Cristo a toda a Igreja. Por isso mesmo ela tem como compromisso irrenunciável e como missão: ser e aparecer como uma célula de intensa comunhão fraterna que seja sinal e estímulo para todos os batizados" (*A vida fraterna em comunidade*, n. 2). "Amar a vocação é amar a Igreja, é amar o próprio instituto e sentir a comunidade como a verdadeira família. Amar de acordo com a própria vocação é amar com o estilo de quem, em cada relacionamento humano, deseja ser sinal límpido do amor de Deus, não usurpa e não possui, mas quer bem e quer o bem do outro com a mesma benevolência" (*A vida fraterna em comunidade*, n. 37). "Celebrar é agradecer

Não é suficiente instituir o grupo dos leigos só para responder aos acenos do Magistério ou para aparecer na lista das famílias religiosas que puseram em prática essa virada profética, é uma aposta em investir envolvendo todos os membros e ativando itinerários formativos específicos, superando a tentação do "genericismo".[50]

Nesta nova visão de participação e de partilha, há alguns "pontos fortes" a estruturar não só para criar a partilha de uma maior sinergia entre leigos e religiosos, mas também porque tais evidências estão inseridas nos programas:

---

juntos pelo dom comum da vocação e da missão, dom que transcende de muito qualquer diferença individual e cultural. Promover uma atitude contemplativa diante da sabedoria de Deus, que enviou determinados irmãos à comunidade para que sejam dom uns para os outros. Louvar a Deus por aquilo que cada irmão transmite da presença e da palavra de Cristo" (*A vida fraterna em comunidade*, n 40). "O religioso não é só um 'chamado' com uma sua vocação individual, mas é um 'convocado', um chamado junto a outros, com os quais 'compartilha' a existência cotidiana" (*A vida fraterna em comunidade*, n. 44).

[50] "É necessário, pois, cultivar a identidade carismática, também para evitar o genericismo, que constitui um verdadeiro perigo para a vitalidade da comunidade religiosa. A esse propósito são assinaladas algumas situações que, nestes anos, feriram e, em alguns lugares, ainda ferem as comunidades religiosas: o modo "genericista" — isto é, sem a específica mediação do próprio carisma — no considerar certas indicações da Igreja particular ou certas sugestões provenientes de espiritualidades diversas; um tipo de envolvimento em movimentos eclesiais que expõe alguns religiosos ao fenômeno ambíguo da 'dupla identidade'; nas indispensáveis e, muitas vezes, frutuosas relações com os leigos, sobretudo colaboradores, certa conformação à índole laical. E assim, em vez de oferecer o próprio testemunho religioso como um dom fraterno que lhes fermente a autenticidade cristã, mimetiza o modo de ver e de agir dos leigos; e reduzindo o contributo da própria consagração; uma excessiva condescendência às exigências da família, aos ideais da nação, da raça e tribo, do grupo social, que arriscam desviar o carisma para posições e interesses parciais. O 'genericismo', que reduz a vida religiosa a um inexpressivo denominador comum, acaba por cancelar a beleza e a fecundidade da multiplicidade dos carismas suscitados pelo Espírito" (*A vida fraterna em comunidade*, n. 46).

A pessoa consagrada, deixando-se transformar pelo Espírito Santo, torna-se capaz de ampliar os horizontes dos limitados desejos humanos e, ao mesmo tempo, captar as dimensões profundas de cada indivíduo e sua história por detrás dos aspectos mais vistosos, mas tantas vezes marginais. Inumeráveis são, hoje, os campos donde emergem desafios nas várias culturas: âmbitos novos ou já tradicionalmente palmilhados pela vida consagrada, com os quais é urgente manter fecundas relações, numa atitude de prudente sentido crítico, mas também de atenção e confiança para com aquele que enfrenta as dificuldades típicas do trabalho intelectual, especialmente quando, em presença de problemas inéditos do nosso tempo, é preciso tentar análises e sínteses novas. Uma evangelização séria e válida dos novos âmbitos, onde se elabora e transmite a cultura, não pode ser operada sem uma ativa colaboração com os leigos lá empenhados.[51]

A "comunidade cristã inteira — pastores, leigos e pessoas consagradas — é responsável pela vida consagrada, pelo acolhimento e amparo prestado às novas vocações",[52] de um futuro que seja sempre mais um hino à comunhão real entre todos os membros.

---

[51] *Vita Consecrata*, n. 98.
[52] Ibid., n. 105.

2

Dinâmicas psicológicas na organização comunitária

Giuseppe Crea

Falar hoje de organizações dentro da vida consagrada significa responder a uma necessidade de consciência das novas e velhas dinâmicas que caracterizaram a estrutura interna e as relações externas dos institutos e das congregações.

Às vezes, quando se encara a problemática das organizações também no setor da vida religiosa, a gente se limita ao aspecto instrumental e à exigência de uma maior eficiência, manifestando uma desconfiança oculta para com reflexões mais aprofundadas. Tradicionalmente, a organização de um grupo foi vista como um fato essencialmente estrutural que tinha como objetivo a eficácia no alcance de objetivos e finalidades quase independentemente das pessoas presentes em tais estruturas.

A atenção à organização de uma estrutura complexa como é exatamente a vida consagrada, através da psicologia, permite-nos recuperar no fato organizativo o componente subjetivo e interpessoal, com as suas mudanças e as suas constantes, com as transformações presentes, mas também com o olhar fixo naquilo que fundamenta a organização da vida comum, isto é, a consagração a Deus e aos irmãos.

Harmonizar tais aspectos, tanto no âmbito estrutural como no âmbito subjetivo e intersubjetivo, quer dizer acolher os desafios e as solicitações que provêm de diversos fatores interagentes e, sobretudo, levar em consideração os recursos presentes nas organizações (religiosas ou não) para não deixar intactas as situações problemáticas que estão, por isso, presentes tanto no âmbito comunitário como no âmbito das obras e serviços geridos pelos institutos religiosos.

A contribuição da psicologia para a dimensão da organização desempenha, portanto, a função de intermediário entre as "certezas" organizativas e instrumentais e as "incertezas" dinâmicas que a psique individual e grupal comporta, e ajuda a redescobrir a vitalidade e os recursos que a organização tem também no contexto da vida consagrada. Em tal quadro se coloca o significado estrutural e psicológico do serviço que a autoridade assume no contexto de cada comunidade religiosa, bem como de toda a organização da vida consagrada.

Entre as situações problemáticas inerentes à organização das estruturas podemos recordar as dificuldades acerca da construção de um projeto compartilhado, a dificuldade de responsabilizar e formar os leigos e os religiosos inseridos nas estruturas, de renovar os arranjos organizativos e de gestão em vista de novos organismos de participação, a circulação problemática das informações, a tendência a agir sozinhos na execução dos projetos. Na vertente do serviço da autoridade, sobressaem o bloco decisório por parte de muitos superiores e responsáveis por comunidades, a pobreza das estratégias eficazes que ajudem a uma visão mais ampla das obras e dos serviços, a dificuldade de gerir de modo equilibrado a instabilidade e as contradições que às vezes surgem no sistema da própria Congregação, a tendência a buscar simplificações tranqüilizadoras, em vez de adotar soluções que impliquem um envolvimento motivado por parte dos irmãos e das irmãs.

Essas problemáticas refletem-se também no âmbito da organização específica das comunidades religiosas, onde não faltavam as dificuldades comuns a toda organização estrutural, como a incapacidade de veicular comunicações e informações reconhecidas como úteis, as incompreensões entre gerações e sensibilidades diferentes na segunda idade dos diversos membros, o cansaço em participar dos momentos comunitários de encontro e de oração. Também para quem é chamado a desenvolver o serviço da autoridade há dificuldades específicas em contextos interpessoais sempre mais complexos, como a participação nos processos decisórios da vida comunitária, a dificuldade de identificar um espaço concreto da comunidade distinto daquele relativo aos serviços externos, a atenção participante aos confrades e às irmãs idosos.

Pensar a comunidade

Por que concentrar a nossa atenção no tema da organização? Por um lado, pela tomada de consciência das dificuldades elencadas presentes na estrutura e na organização da vida consagrada. Por outro lado, estamos preocupados com o fato de, na raiz dessas disfunções e dificuldades que comportam, haver sempre uma crescente influência dos modelos culturais presentes também nas comunidades religiosas, com que os consagrados pensam e percebem a si mesmos, a relação com os outros e com as próprias obras, com os contextos social e eclesial. Nestas páginas, se por um lado nos centramos nas questões organizativas entendidas como instrumentos para agir, por outro lado queremos olhar para a organização como modalidade de pensar e de pensar-se que se reflete na busca de uma vida comum entendida como dom de Deus que compromete cada um a ativar os próprios recursos em vista de um bem-estar relacional eficaz e respeitoso das diferenças presentes.

A tendência que queremos privilegiar é aquela que põe o acento no nexo existente entre as idéias de organização e os modelos concretos que são construídos sobre sua base. Tal tipo de reflexão favorece, até nas congregações religiosas, a busca de modelos de convivência com vistas a melhorar a qualidade da vida pessoal e comunitária e sustentar uma verificação da eficácia da ação organizativa tanto no interior das obras como nas dinâmicas da comunidade. De fato, se a organização é antes de tudo um modo de crescer na identidade pessoal e interpessoal dos membros de uma Congregação, ela será também a condição para um agir dotado de sentido.

Organização e bem-estar na estrutura organizativa

Na vida consagrada, cada pessoa é portadora de uma mentalidade, de uma visão do mundo, de um modo próprio de categorizar as situações e as relações. Cada um é portador de cultura e toma parte ativa no desenvolvimento dessa cultura no seio do próprio grupo de pertença, através do estilo próprio de pensamento e de comportamento.[1] Já sublinhamos como é importante levar em conta não somente a eficácia organizativa dentro da estrutura, mas também conceber as organizações como uma realidade psicológica, para a qual cada indivíduo contribui com suas próprias características subjetivas.[2] Essa

---

[1] CREA, G. *I conflitti interpersonali nelle comunità e nei gruppi*. Bologna, Edizioni Dehoniane, 2001. p. 19.

[2] AMBROSINI, M. et al. *Elementi di psicologia dell'organizzazione*. Bologna, Cooperativa Libraria Universitaria Editrice, Bolonha, 1978. p. 220.

contribuição será específica, mas também inerente ao próprio grupo de pertença, ao papel que desenvolve, à nacionalidade, à formação recebida. Por exemplo: por que tantos irmãos e irmãs baseiam a sua vida num modo preciso de conceber a comunidade, por que têm idéias tão diferentes do trabalho e do lazer, por que respeitam as rotinas rígidas de trabalho se têm uma tarefa qualquer, por que vivem num lugar e trabalham em outro, por que em algumas comunidades se usa uniforme e em outras não, por que se respeita a autoridade do superior, por que passar tanto tempo juntos num lugar determinado desenvolvendo uma atividade em comum?

Para um observador externo, todos esses comportamentos que associam grupos inteiros de pessoas, que interagem entre elas em vários níveis, podem parecer crenças, práticas, estilos extravagantes de organizar a própria vida cotidiana, mas de fato são modalidades concretas que caracterizam a vida de grupo na sua dimensão cultural específica pensada, mas também experimentada, no concreto do vivido de cada um.

Noutras palavras, não basta que a dinâmica organizativa das comunidades religiosas e, mais em geral, da vida consagrada, seja eficiente para corresponder aos cânones preestabelecidos. É preciso que leve em conta as pessoas que interagem e que, implícita ou explicitamente, vivem juntas uma experiência relacional na qual refletem modelos culturais pensados, compartilhados e explicitados no cotidiano. Os conceitos de valores, de crenças, de senso comum compartilhados dentro de um grupo organizado representam outros tantos modos de definir a própria cultura.

Quando se fala de cultura, de fato, fala-se de um processo de construção da realidade que permite que as pessoas vejam e concebam fatos, ações, objetos, expressões ou situações específicas de modos particulares. Esses modelos de conceitualização ajudam a gerir as diversas situações e representam também a base que dá sentido e significado para o nosso comportamento.[3]

Essa abordagem permite que se compare o estudo das organizações no seu aspecto funcional e dinâmico também com o do mundo da vida consagrada, mas, sobretudo, oferece modalidades interpretativas renovadas com as quais ler o que acontece na experiência cotidiana, com a contribuição preciosa das diferenças que cada um é portador e com o envolvimento ativo de todos com o desenvolvimento da vida comum.

Precisamente esses novos horizontes de compreensão podem ser alcançados por aqueles que, dentro da comunidade, têm o múnus da autoridade. Por isso é importante fazer esta reflexão psicológica sobre a organização da vida consagrada para as dinâmicas específicas que são ativadas pelo serviço dos superiores e das superioras que estão empenhados em coordenar, equilibrar, estimular, dar orientação ao conjunto das presenças e dos recursos presentes no tecido comunitário. Sua tarefa não é desligada da realidade comum que os circunda, mas é um serviço que se aproveita da cultura compartilhada no interior de uma organização específica, a da sua comunidade, e se delineia como um serviço a realizar com solicitude conjunta de todos os que lhes são confiados, para que possam dedicar-se a construir em Cristo uma fraternidade que tenha o objetivo comum de servir e amar a Deus através do seu testemunho de vida.[4]

---

[3] MORGAN, G. *Images, le metafore dell'organizzazione*. Milano, Franco Angeli, 1997. p. 185.

[4] Cf. *Código de Direito Canônico*, n. 618.

Percursos de sentido e culturas organizativas na vida consagrada

Pôr a atenção sobre os dotes culturais das comunidades religiosas não quer dizer somente deter-se na influência que o contexto cultural tem sobre cada comunidade religiosa, sobre seu modo de organizar-se e os comportamentos dos seus membros, mas significa também destacar como a especificidade da cultura organizativa de cada comunidade religiosa incide sobre variáveis do contexto interpessoal e ambiental.

As organizações, de fato, "produzem" cultura e exprimem simbolicamente a própria estrutura que, por sua vez, incide sobre as dinâmicas e sobre os comportamentos organizativos dos indivíduos e do grupo na sua totalidade.

A cultura organizativa inclui as crenças, as regras explícitas e implícitas, os modelos de comportamento, os compromissos de base, todos elementos que estão fundados na organização e que são fruto de aprendizado e de formação. Ela compreende o modo de ver as coisas, que se exprime através das respostas e da modalidade de ação que a organização elaborou no tempo e utiliza para enfrentar os problemas internos e os desafios colocados pelo ambiente.

Para analisar a cultura organizativa, seguiremos um modelo, o de Schein, que se presta, de modo particular, para uma análise comparativa entre os conteúdos teóricos e a aplicação específica à organização da vida consagrada.

No seu trabalho, Schein identifica três níveis de análise das culturas:[5]

---

[5] Schein, E. H. *Organizational culture and leadership*. San Francisco, Jossey-Bass, 1985.

a) o primeiro faz referência aos aspectos modificáveis: o ambiente social e o físico da organização, a estrutura simbólica e as várias linguagens utilizadas, as modalidades comportamentais, tanto as visíveis como as que não são imediatamente decifráveis no seu significado cultural;

b) no segundo nível encontram-se os valores: são as convicções, as escolhas importantes para a vida da organização, os significados e até as crenças compartilhadas. As dimensões deste nível são menos visíveis porque oscilam entre o que é oficialmente declarado e o que é realmente vivido;

c) o terceiro nível é o das idéias de base. É o modo de pensar que se refere à concepção da pessoa, da realidade e da verdade, a maneira de reagir com o ambiente, a concepção do tempo e do espaço, o modo de conceber a ação individual e os estilos de convivência e de relação, o que aparentemente parece previsível, mas que implicitamente orienta o comportamento e indica como perceber, pensar e comportar-se na realidade. Essas idéias de base, exatamente porque são inconscientes e latentes, são particularmente difíceis de captar.

Se pensarmos nas congregações religiosas como organizações, notamos que também nelas a cultura organizativa caracteriza o clima organizativo, veicula a consciência da tarefa comum e o significado atribuído à instituição religiosa, orienta o pensamento e a ação dos irmãos e das irmãs.

Os acontecimentos organizativos que contribuem para confirmar ou para reforçar tal cultura organizativa e para difundir os seus estilos, normas e valores são múltiplos. Basta pensar nas cerimônias e nos ritos, tanto os religiosos como os que dizem respeito aos momentos cotidianos de convivialidade, o trabalho feito em comum, os encontros comunitários, em suma: tudo o que compromete, aparentemente de maneira repetitiva, mas com a significativa contribuição de cada um. A cultura organizativa de cada Congregação é transmitida através dessa unicidade e comunalidade, através da própria história e da tradição comum, através das origens estruturadas e das renovações realizadas, através do sistema simbólico e da linguagem com os quais a cultura internalizada é transmitida e passada adiante, bem como através dos momentos críticos e das etapas de crise que caracterizaram a evolução e o desenvolvimento da estrutura.

Alguns modelos reconduzíveis à organização comunitária

Após ter apresentado alguns conceitos relativos ao significado e à cultura da organização, queremos, agora, entrar no específico do fenômeno organizativo. Dada a complexidade do assunto, simplificamos, partindo do modelo de Scott, também neste caso para ter coordenadas teóricas de referência que ajudem a ler a esperança concreta. Esses modelos teóricos aplicados ao tecido cotidiano da organização se tornam o modo específico e interagente de interpretar e de exprimir a cultura organizativa, e permitem uma compreensão mais real das relações entre as pessoas.

Para observar o desenvolvimento do fenômeno organizativo, Scott indica três perspectivas diferentes: a organização como sistema racional, como sistema natural e como sistema aberto.[6] A partir dessas três perspectivas teóricas chega-se à construção de modelos concretos de organizar que podem ser tomados como descrições dos fenômenos vivos. Em síntese: podemos dizer que o fenômeno organizativo diz respeito seja ao conhecimento

---

[6]   Scott, W. R. *Le organizzazioni*. Bologna, Il Mulino, 1994.

daquilo que acontece na organização, seja à procura de estratégias comportamentais funcionais que ajudem as pessoas a viver com renovado interesse os objetivos comuns: o conhecimento e a representação da organização acompanha e orienta a ação organizativa dos indivíduos e dos grupos e reforça a identidade social da própria organização.

Na presente análise, supomos que também as congregações e as comunidades religiosas são animadas por determinada cultura organizativa, se bem que baseadas não só num envolvimento existencial total dos seus membros, mas também sobre a certeza de que a construção e a edificação da comunidade é antes de tudo dom de Deus. Isso significa que também as pessoas que constituem as comunidades, bem como aqueles que as animam com o múnus da autoridade, são orientadas por idéias, conceitos, teorias mais ou menos explícitas, ou seja, por uma cultura organizativa que se realiza em modelos concretos de vida comunitária. Entre as muitas interpretações possíveis, as indicadas nestas páginas são particularmente úteis para ler a situação comunitária, porque ajudam a identificar os estilos de comportamento nos quais encontramos ora um, ora outro dos modelos propostos.

De maneira esquemática, podemos resumir as três abordagens de Scott assim: uma primeira modalidade é aquela que vê a organização como sistema racional que poderia corresponder à realização de um modelo comunitário entendido como instrumento para alcançar o fim do apostolado, por isso centrado nas obras e no serviço. A isso se acrescenta a segunda modalidade, segundo a qual a organização é entendida como sistema natural. Ela corresponde à realização da comunidade religiosa como família, na qual são sublinhadas, sobretudo, as relações interpessoais. Finalmente, na terceira modalidade, fazemos referência à organização como sistema aberto, que corresponde, no campo da organização religiosa, ao modelo de comunidade disponível e inserida no ambiente.

A seguir, referimo-nos de maneira mais detalhada a esses três níveis de análise, propondo que todos eles sejam os critérios teóricos de fundo e sejam aplicados ao contexto organizativo da vida consagrada com uma referência particular ao múnus da autoridade.

Organização e sistema racional

Quadro teórico geral

Segundo a perspectiva da abordagem organizativa racional, a organização é entendida como "coletividade orientada para alcançar fins relativamente específicos que apresenta uma estrutura social relativamente formalizada",[7] e tem a tarefa instrumental de facilitar o alcance de determinados objetivos.

Orientar o grupo e as pessoas para alcançar os objetivos bem definidos e formalizar a estrutura dentro da qual tais objetivos se realizam são as duas características que contribuem para a racionalidade da organização.

A tarefa racional do modelo, em sentido técnico e funcional, não diz respeito à escolha das finalidades, quanto mais à definição dos comportamentos úteis para o alcance dos fins sobre os quais há acordo. Nesta perspectiva a conduta do grupo organizativo é racional na medida em que mobiliza as pessoas para um objetivo específico e claro. Tal especificidade reduz a ambigüidade dentro da organização, oferece critérios para orientar as pessoas em direção a alternativas possíveis em tempo de crise, elimina o desperdício de energia, agiliza as decisões inerentes à estrutura

---

[7] Scott, W. R. Op. cit., p. 53.

da organização, como, por exemplo, as tarefas a distribuir ou a divisão dos recursos dentro do grupo. A clareza dos fins, portanto, consolida e estabiliza as bases da organização.

Por outro lado, a formalização de uma estrutura indica a linearidade, a precisão e a explicitação das regras e dos procedimentos que apóiam o comportamento organizativo. São as normas percebidas como necessárias para a organização do grupo e que envolvem a pessoa num código comportamental "útil" para o bem comum.[8] Em definitivo, poderemos dizer que o sistema racional do grupo de pertença "flui tranqüilamente enquanto o comportamento seguido corresponde aos códigos não-escritos".[9] Neste caso as normas são identificadas e verificadas na sua estruturação espaço-temporal (no interior da organização se sabe o que se faz, como se faz, onde se fazem determinadas coisas, por quanto tempo etc.); os conflitos de papel são reduzidos ao mínimo graças à clareza formal das tarefas a levar adiante e, obviamente, à ausência de toda superposição das diversas funções; a hierarquia é bem determinada e facilitada por um sistema comunicativo que vai de cima para baixo; são utilizados sistemas de controle e de avaliação para verificar a funcionalidade do sistema e para limitar as estruturas desviantes.

Desse ponto de vista, as ações particulares estão bem interligadas para responder de modo estandardizado a expectativas estáveis e reconhecidas dentro do grupo. O comprometimento de cada um é sincronizado com a funcionalidade da organização em cada setor, mas ao mesmo tempo dá mais prioridade à estrutura do que à expressão individual de si. A prioridade da organização não deve ser entendida como discriminante para a pessoa, mas corresponde à dinâmica do próprio modelo, em que as ações e

---

[8]　Morgan, G. Op. cit., p. 186.

[9]　Ibid.

os comportamentos predeterminados e de rotina permitem que todo o sistema organizativo funcione bem. Também no caso do mau funcionamento das tarefas e dos papéis, as pessoas podem ser substituídas por outras para que a organização continue a trabalhar de modo funcional.

O nível emocional das relações não tem importância, é até desencorajado a fim de evitar que as ligações afetivas ou o julgamento emotivo impeçam o comprometimento racional para atingir o objetivo, visto que o que conta na organização não é "o sentir", mas "o fazer". A frieza afetiva resultante reduz até as áreas de conflito que poderiam surgir e não deixa o grupo perder tempo e energia.

Assim, a organização concentra a própria atenção sobre os objetivos a realizar de modo eficaz e eficiente, independentemente do contexto interno e externo à estrutura do grupo.

Algumas considerações com referência às congregações religiosas

Se compararmos tudo o que dissemos até aqui com o que acontece nas organizações dos institutos religiosos, podemos reconhecer alguns traços típicos do sistema racional. Desde a origem, toda Congregação passa de uma primeira fase criativa e carismática para um momento de ajuste e de institucionalização caracterizado por uma estruturação estável e formal do grupo, no qual se estabelecem os contornos de uma tradição que cresce e se expande.

Nesse processo se definem os direitos e os deveres dos membros, a base econômica para sustentar as obras, os critérios para recrutar os novos membros, para escolher os superiores e exercer a autoridade, para distribuir papéis e tarefas. Noutros termos, chega-se a codificar e institucionalizar o carisma entendido do ponto de vista da "observância" e da "regularidade". O passado da Congregação oferece soluções para o presente, por cujo motivo se acentua a importância do respeito pelas antigas regras e preceitos, ao passo que a iniciativa pessoal passa para um segundo plano. Ao contrário, no contexto da organização de observância prevalece uma certa desconfiança de que a capacidade e a criatividade do indivíduo possam, de fato, ajudar a comunidade a ficar bem. Enquanto isso, no entanto, uma regulamentação comunitária centralizada e experimentada é garantia do sucesso de comportamentos comunitários que visam ao objetivo prefixado. Por exemplo: nas comunidades os horários e os prazos dos encontros são respeitados, as tarefas são bem distribuídas, as dissensões caladas. Mas também o apostolado e as obras serão bem definidos e produtivos, porque cada um está empenhado em seguir as indicações fornecidas para alcançar as finalidades antepostas.

Aspectos relativos ao sistema de governo

Dado que o ordenamento estrutural é assinalado e definido já desde o início, não por acordo mas prescrito, ele se exprime através de modalidades cimeiras, centralizadas e exortativas, a fim de que todos façam o que está previsto. Por isso quem está no cimo dá ordens à base, a fim de que as pessoas alcancem as finalidades estabelecidas. Essa modalidade regulativa permite que o superior crie uma atmosfera significativa no interior da organização através de um trabalho de discernimento comum e com o qual a autoridade pode, finalmente, tomar decisões úteis, "tendo em vista o bem da vida fraterna e da missão".[10]

---

[10] *A vida fraterna em comunidade.* 3. ed. São Paulo, Paulinas, 1994. n. 50. Col. A voz do papa, n. 135.

Nesta perspectiva, o superior é a referência primária que tem não só a função de manter a ordem, controlar, motivar, mas também de explicitar as regras presentes na comunidade com os seus conteúdos e as suas funções, com a mediação de um processo cognoscitivo que sirva de ligação nos confrontos entre os membros. Ao mesmo tempo, ele pode tornar-se também o "alvo" das críticas e das acusações, quando as coisas não funcionam do modo adequado, quando as regras não são partilhadas, ou quando intervêm fatores estruturais que fogem ao controle da autoridade ou que, de qualquer modo, pedem um nível de flexibilidade e de aceitação que o superior não tem.

Limites do modelo racional

A perspectiva racional, embora seja funcional para alcançar os fins racionais, é limitadora com respeito ao exercício da autoridade. Particularmente, quem exerce a autoridade, ao concentrar-se apenas em seus comportamentos de tipo racional, tornará difícil confrontar-se com os processos de transformação social, com a situação de crise individual e de grupo. Antes, no modelo racional todo desvio é eliminado, porque não é tolerado. Dá-se, por um lado, aquilo que permite prosseguir quando as coisas vão bem. Por outro lado, o superior corre o risco de permanecer espectador impotente quando as crises são desestabilizadas, porque se sente incapaz (e lhe faltam de fato os recursos para fazê-lo) de encontrar alternativas compreensivas de outros valores comportamentais.

Em situações nas quais as necessidades dos indivíduos estão subordinadas e adaptadas às da estrutura e da comunidade, em que é importante que cada um realize os papéis e as tarefas que lhe são atribuídas e se conforme com eles, as prescrições baixadas do alto acentuam fugas e desculpas, rigidez e encerramentos, e acrescentam o senso de dispersão e de não-pertença. De resto, não podem esquecer que o exercício da autoridade não é separado da identidade pessoal de quem a exerce e, portanto, dos fatores intrapessoais e interpessoais que caracterizam a estrutura psicológica do superior. Por isso, quando as dificuldades situacionais prejudicam o seu sentido de identidade, até a sua capacidade de decidir se ressente.

Para muitos superiores, é difícil decidir fora do sistema racional, porque a falta de coordenadas racionais tranqüilizadoras às quais se referir poderia ser percebida por eles como particularmente desestabilizadora. Quer por problemáticas inconscientes relativas à baixa auto-estima, quer pela presença de efetivas inconsistências relacionais no ambiente comunitário, eles podem encontrar-se na incapacidade de realizar escolhas definitivas, gastando as próprias energias em analisar as alternativas ou a avaliar os prós e os contra, muitas vezes com o resultado de adiar ao infinito ou de decidir de modo precipitado e inconcludente. Para se defender de tais riscos, às vezes se refugiam num apego irremovível às decisões tomadas, ou na gestão demissionária da autoridade, com a conseqüente rejeição tácita ou explícita de tomar qualquer decisão.

Organizações que realizam mais visivelmente o modelo racional são as Congregações orientadas para o trabalho apostólico, para a assistência aos pobres ou a educação da juventude, o cuidado dos doentes ou a difusão da fé, sobretudo nos aspectos que fazem aparecer a identificação da Congregação com os serviços prestados e com os instrumentos estruturais que facilitam a consecução de determinados objetivos. A elas podemos acrescentar também aquelas instituições que justificam o fato de estar juntas através das obras a levar adiante, de onde as especializações e a eficiência de cada uma visa à utilização máxima dos recursos. Não raramente, porém, as muitas atividades a gerir "a qualquer custo", associadas à escassez de vocações e às novas exigências da sociedade, levam o religioso a sobrecarregar-se de trabalho, com muito zelo, mas também com o risco de estresse e de exaustão que, junto com uma exagerada identificação com a obra e com a tarefa desenvolvida, podem transformar-se em dificuldade pessoal e interpessoal.[11]

Além disso, nas Congregações de vida ativa, esse risco pode ser reconhecido até naquelas que colocam como objetivo a santificação pessoal dos próprios membros (a "perfeição"). A perspectiva racional deste modelo leva a configurar a organização como "instituição total", uniformizadora e invasora de todos os âmbitos da vida do religioso, em quem o desenvolvimento individual não é uma meta desejável ou perceptível, mas, antes, uma meta secundária com respeito ao objetivo primário de um estilo de vida rigidamente organizado e estruturado em torno de normas e regras aceitas por todos os membros da comunidade.

Mesmo sendo rigoroso sobre esses aspectos problemáticos e sobre os riscos daí decorrentes, não podemos esquecer que a abordagem racional é um aspecto importante na organização da vida consagrada e da vida comunitária em particular, porque sublinha a necessidade de normas e regras que cultivem a dimensão organizativa e projetiva das famílias religiosas, em cujo exercício da autoridade há um lugar específico e funcional para alcançar as metas e os objetivos comuns.

O modelo natural

Considerações gerais sobre o modelo

Segundo o modelo natural, a organização é definida como uma coletividade composta de pessoas que compartilham atividades coletivas, estruturadas de modo informal e com a finalidade

---

[11] Crea, G. *Stress e burnout negli operatori pastorali*. Bologna, Editrice Missionaria Italiana, 1994. p. 110.

de garantir a sobrevivência do sistema. Com esta perspectiva se presta particular atenção aos comportamentos das pessoas, resultando que a organização é algo mais que um instrumento para atingir objetivos específicos. Ao contrário, muitas vezes existe uma notável disparidade entre os objetivos proclamados e os objetivos realmente perseguidos por cada indivíduo. Ademais, muitos esforços organizativos se destinam a fazer sobreviver e a manter o próprio sistema.

Nesse caso as organizações são coletividades orgânicas empenhadas em conservar o próprio equilíbrio interno e externo através da integração e da adaptação dos membros ao sistema organizativo e, por sua vez, do sistema organizativo em um ambiente mais amplo.

As normas e as regras de comportamento independentes das características dos indivíduos são menos importantes que as estruturas formais baseadas nas características pessoais. Cada um é portador de idéias, valores e interesses que o caracterizam, e tudo isso contribui para construir, nas interações, uma estrutura informal relativamente estável e influente feita de modos de conceber, de agir, de exercer e de comunicar o próprio poder pessoal.

As funções da estrutura informal enfatizam alguns aspectos relativos à pessoa: a pessoa particular não é funcional com vistas ao fim "racional", mas é um ser completo, animado por muitos sentimentos, motivações e valores. Nesse contexto, adquirem importância particular o respeito de cada um, o confronto recíproco, a comunicação contínua, a flexibilidade nas tomadas de posições.

Nesse modelo, cada estrutura particular da organização é analisada a partir da função que exerce em assegurar a sobrevivência do sistema. Os diversos elementos da organização são percebidos como interligados e interdependentes, por isso a validade de cada comportamento particular é avaliada a partir da sua utilidade nas relações recíprocas, enquanto os conflitos e as tensões dentro do grupo não são ignorados ou sufocados, mas, ao contrário, valorizados e gerenciados dentro das relações de interdependência.

O modelo natural nas congregações religiosas

O modelo natural aplicado às congregações religiosas pode ser identificado com aquelas abordagens que procuram revalorizar a pessoa e o valor da subjetividade, no qual se descobre a importância da qualidade humana da vida consagrada, uma qualidade que não pode ser reduzida a alguns aspectos funcionais da atividade particular.

Portanto, são privilegiadas as relações dentro da organização, sobretudo aquelas informais com respeito àquelas mediadas pelas estruturas racionais e formalizadas. Os elementos estruturais, as várias programações a prazos curto e longo, são relativizados e de qualquer modo colocados em segundo plano, e se limitam a autonomia dos membros particulares, que são vistos com desconfiança e suspeita.

Como diz Tacconi, no seu estudo das organizações religiosas,

da primazia dada ao funcionamento das obras, típica do modelo racional, se passa para a primazia dada à especificidade da pessoa, às potencialidades, qualidades, habilidades, interesses de cada membro da comunidade, e se tenta integrar ao máximo essas características pessoais com o bem da Congregação, da sua missão e do seu carisma.[12]

---

[12] TACCONI, G. *Alla ricerca di nuove identità*. Leuman (Torino), Elle Di Ci, 2001. p. 106.

Do princípio de submissão às exigências da instituição, própria do modelo racional, se passa a considerar a Congregação como instrumento para o bem-estar e o desenvolvimento das pessoas.

A ênfase colocada na construção de boas relações interpessoais e uma certa confusão entre papéis e funções influencia também as obras e os serviços organizados segundo um estilo de tipo "familiar". Sublinha-se o espírito de espontaneidade e de convivialidade, e a partilha é sentida como fonte de energia para harmonizar as exigências e as divergências interpessoais, sobretudo quando surgem conflitos e incompreensões.

Nessa perspectiva adquirem importância particular os valores comunitários e a partilha interpessoal, que permitem que as pessoas se sintam mais como fraternidade do que como aglomerado de indivíduos. A diretriz básica é fazer com que cada um se sinta realizado e valorizado na própria especificidade e diversidade, com prejuízo da visão anterior de uniformidade. A comunidade se compreende como organismo vivo que torna felizes as pessoas, onde cada um tem espaço para crescer segundo os seus ritmos e segundo os seus tempos.

A autoridade no modelo natural

No modelo natural, a autoridade insiste nos dinamismos interiores da pessoa. Isto é, certamente, um ponto forte para os superiores, porque permite captar os diferentes recursos presentes no ambiente e canalizá-los com vistas ao bem-estar comum. As pessoas se sentem valorizadas por quem exerce a autoridade e ao mesmo tempo se sentem autorizadas a exprimir as próprias competências. Por outro lado, o excesso de atenção à pessoa pode tornar pouco incisiva a ação de quem exerce a autoridade, Então pode acontecer que se sintam inibidos ao tomar decisões, preferindo delegar a sua autoridade e a sua responsabilidade à sabedoria e às capacidades dos indivíduos, deixando que o seu papel se torne marginal, senão decorativo, no arranjo comunitário. Armam-se de tantas boas intenções e considerações piedosas para cada irmão necessitado ou para uma adequada distribuição dos recursos e do pessoal que esquecem o projeto de conjunto ou a definição dos objetivos verificáveis em tempos e espaços oportunos.

Ao faltar referências claras a tais objetivos formalizados e estruturados, o exercício da liderança numa organização na qual prevalece o modelo natural pode ser difícil e pouco incisivo, sobretudo para aqueles superiores que se comprazem com um clima comunitário centrado sobre as necessidades e as exigências de cada um, em prejuízo do bem comum.

Alguns aspectos restritivos do modelo natural

A interdependência entre indivíduo e grupo e a centralidade da vida comunitária como lugar privilegiado para a realização das necessidades e das aspirações do indivíduo comportam o risco de uma visão comunitária altamente idealizada, em que a vida em comum representa uma espécie de "nicho protetor", no qual tudo é acreditável apenas se estiver a serviço deles mesmos. As conseqüências negativas de tal atitude são as falsas expectativas e as ilusões desagradáveis que amplificam a imaturidade e dependência relacional.

Outro limite dado pela acentuação do modelo natural é o fato de que muitas congregações renunciam às próprias metas institucionais e aos próprios objetivos carismáticos para orientar os seus esforços para a sobrevivência do próprio Instituto. É o caso, por exemplo, daquelas congregações nas quais a obra é fim em si mesma, ou então o trabalho pastoral visa a procurar vocações a todo custo, sem um verdadeiro discernimento dos candidatos.

Apesar de tais dificuldades, a perspectiva natural acentua alguns aspectos úteis para a cultura comunitária, sobretudo no que se refere à centralidade e ao respeito pela pessoa, à participação de cada um em assumir responsabilidades e tomar decisões, ao surgimento de necessidades pessoais, à aceitação de projetos comuns baseando-se nas potencialidades e nas exigências específicas. O modelo de comunidade que consegue isso é o de um organismo vivo a título pleno, em fase de contínua busca e adaptação.

A perspectiva sistêmica

Algumas considerações teóricas

Uma representação ulterior dos possíveis modelos que facilitam a leitura dos comportamentos nas organizações é a sistêmica, a qual representa uma evolução com respeito aos outros modelos, seja porque analisa a organização como sistema, seja porque apresenta a complexidade das relações nas organizações.

Que se entende por sistema? Sistema é uma estrutura organizada, cujas características podem ser sintetizadas assim:

- é formado por diversos elementos que estão em relação de interdependência entre si, com uma estrutura mais ou menos aberta ao sistema mais amplo do qual fazem parte;
- toda mudança realizada no interior do sistema repercute também sobre os outros elementos do sistema;
- além disso, cada sistema é limitado pelas fronteiras que pertencem a um sistema de ordem superior;
- daí se segue que, se um sistema é aberto aos elementos dos outros sistemas, as informações fluem entre o interior e o exterior e vice-versa.

Essas características permitem considerar a organização mais como um processo dinâmico de ações organizativas e como um sistema de partes organizadas funcionalmente para o objetivo global do sistema inteiro do que como uma entidade preestabelecida e fixa. Compreender cada fenômeno sem colocá-lo em relação com os diferentes elementos do sistema significa compreendê-lo apenas parcialmente, por isso é importante que os fatos, os recursos presentes na comunidade, mas também os conflitos e as dificuldades não sejam vistos como fenômenos isolados, mas em relação com outros fatos e fenômenos.[13]

De tal ponto de vista a organização se configura como um sistema finalista que orienta as interações entre cada um com vistas à consecução dos objetivos. Enquanto sistema aberto, ele recebe informações e estímulos ambientais, elabora-os e transforma-os, fazendo-os fluir para o exterior para mudar o ambiente e para influenciar os *inputs* sucessivos. Desse modo, substitui a energia utilizada e se adapta a novas condições ambientais, renovando a sua capacidade de perseguir os objetivos próprios.

Tais anotações nos permitem perceber quão importante é a interdependência e a conexão entre os diversos elementos do sistema e o contexto ambiental, bem como a evolução dos processos, das decisões e das ações orientadas para os objetivos, com os quais a organização se autoproduz e se auto-organiza, mas ao mesmo tempo é produzida e influenciada pelo ambiente que a circunda.

No contexto das congregações religiosas

A característica da abertura ambiental e da influência recíproca entre organização e ambiente, típica do modelo sistêmico, se

---

[13] Ambrosini, M. et al. Op. cit. p. 186.

aplica também à organização da vida consagrada e das comunidades religiosas. De fato, uma comunidade vive e se transforma graças não somente ao fluxo de informações que recebe e que troca com o ambiente, mas também às relações que mantém com o mundo em contínua transformação. O risco de suas concepções redutivas e autocêntricas se fossilizarem, afastando-se do contexto socioambiental e eclesial, leva a organização comunitária a viver na defensiva, a proteger-se no próprio interior e a consumir energia para manter o *status quo* estrutural, refugiando-se num clima de auto-suficiência.

A abertura ao território, ao contexto social, às necessidades e aos recursos das pessoas torna-se a energia vital na qual a organização comunitária bebe. Com este modelo são realçadas as categorias fundadas na referência, na relação de reciprocidade eu-tu, na qual o comportamento de cada um é correlato ao do outro, dentro de um sistema de relações que se expande para fora e se torna participação, envolvimento e co-responsabilidade, com vistas ao amadurecimento de todos. A capacidade explicativa desta abordagem é dada pelo fato de que com essa perspectiva as organizações tendem a desenvolver culturas coesas baseadas nos comportamentos que compreendem tanto o aspecto normativo como o relacional e emocional, noutras palavras: compreendem tanto os limites estruturais como a participação dos diversos recursos presentes no interior e no exterior das comunidades.[14]

Portanto, a comunidade fraterna inserida no território e fundada nas relações *ad intra* e *ad extra* é lugar de difusão de fraternidade e de co-responsabilidade, onde as pessoas se encontram, se comunicam, se organizam, se sentem responsáveis pelo próprio crescimento e pelo crescimento dos outros.

---

[14] MORGAN, G. Op. cit. p. 189.

Tal modelo de participação implica, por um lado, a redução da homogeneidade tranqüilizadora e, por outro lado, o enriquecimento através da contribuição de culturas, significados, modos de relacionar-se diferenciados, que obrigam o sistema inteiro a repensar-se e a confrontar-se com a complexidade relacional.

Temos um exemplo de tal tendência com aquelas Congregações centradas nas obras, nas quais o confronto com a complexidade ambiental leva a uma progressiva diferenciação entre as vivências comunitárias e as exigências dos serviços prestados, se bem que isso possa implicar na fragmentação entre os vários setores.

Tal desenvolvimento é particularmente importante hoje, quando muitas obras sociais governadas por Congregações religiosas vão progressivamente laicizando-se e são sempre mais autônomas com respeito à identidade religiosa dos consagrados que ainda desenvolvem atividades profissionais.

A abertura às diversidades ambientais implica uma distinção concreta entre espaços e funções tanto no ambiente da vida comunitária como no ambiente de trabalho e, ao mesmo tempo, exige um confronto contínuo com as diferentes situações, solicitando todos a trabalhar por novas sínteses comportamentais que reconheçam a sincronia das diferenças presentes.

No que diz respeito ao exercício da liderança

Na perspectiva sistêmica, a autoridade deve levar em conta os múltiplos estímulos e recursos ambientais. O seu poder não é centralizado, mas difuso no interior do sistema, e no processo de decisão usufrui das potencialidades presentes, evitando tomadas de posição esclerosantes e unilaterais. De resto, na complexidade das atuais organizações comunitárias (por exemplo: nas comunidades com pessoas de culturas diferentes, ou onde há idosos e doentes ou, ainda, onde há pessoas psicologicamente frágeis) não basta fundamentar o exercício da autoridade no direito da função exercida ou sobre a tomada de posições "decisionistas". Ao contrário, é preciso utilizar informações e recursos presentes no ambiente que, pelo menos aparentemente, parecem fragmentar o poder decisório, mas, se adequadamente integrados, abrem novos modos de pensar à autoridade. Não só de cima para baixo (como no modelo racional), ou de baixo para baixo (como no modelo natural), mas da periferia para o centro, de baixo para cima, e vice-versa.

Portanto, ser superior ou superiora com essa perspectiva torna-se certamente mais complexo e trabalhoso, porém metodologicamente mais eficaz, porque no exercício da autoridade devem levar em conta as diversidades (embora nem sempre gratificantes) presentes no ambiente comunitário.

Chaves de leitura das experiências comunitárias e dinâmicas de liderança

O exame dos diversos modelos aplicados às organizações e à vida consagrada permite que evidenciemos a exigência de encontrar modalidades adequadas que facilitem a leitura e a interpretação da experiência nos sistemas organizativos. Além disso, sublinhamos como a diversidade das abordagens interpretativas das organizações influencia também o modo como é exercida a autoridade entre o dilema da fragmentação das intervenções para dar "ordens" e o desafio sedutor do "desenvolvimento" ao qual toda organização (religiosa inclusive) está sujeita, com as perspectivas de mudança e de flexibilidade que ela comporta.

Nesta parte, queremos considerar algumas modalidades de leitura da experiência do modelo das organizações que possam ser úteis para melhor compreender o arranjo organizativo da vida consagrada e para interpretar o que acontece nos estilos concretos de liderança de cada um.

O desenvolvimento das organizações da vida fraterna entre modelos rígidos e modelos flexíveis

A referência aos diferentes modelos permitiu sublinhar como alguns elementos, tanto da perspectiva relacional como da natural, e ainda mais da sistêmica, são úteis e necessários para compreender as organizações em geral e, especificamente, da vida consagrada. Se o modelo relacional sublinha a necessidade de uma orientação clara sobre os objetivos compartilhados, a perspectiva natural destaca o sentido da identidade e da qualidade das relações. Enfim, o modelo sistêmico acentua de maneira específica a importância da evolução e da abertura ao novo.

Para interpretar a realidade das vivências comunitárias em relação às dinâmicas da função de autoridade, queremos, agora, propor duas chaves de leitura que focalizam características diversas dos modelos examinados até agora: a dos sistemas rígidos ou fechados, centrados nas características internas da organização, e a dos sistemas flexíveis ou abertos, centrados nas relações com o ambiente.

A organização em sistema rígido

Na perspectiva do modelo rígido, a organização está ligada principalmente aos aspectos institucionais e normativos. É um modelo relativamente simples porque, fechado em si mesmo, é predefinido, racionalmente predeterminado e repetitivo. Aparentemente, é um sistema "forte", porque bem organizado e dominante sobre a organização; mas na realidade é "fraco", sobretudo quando tem dificuldade em defrontar-se com as mudanças contínuas da vida consagrada e da sociedade em geral.

Ao modelo rígido pertence a organização burocrática da relação entre membros da comunidade e superiores, no qual os poderes de decisão e os direitos de controle são unilaterais, as regulamentações deixam pouco espaço para as iniciativas pessoais, ao passo que as interações, a colaboração e o controle são essencialmente de tipo formal.[15]

O modelo complexo em sistema flexível

Neste caso o modelo organizativo está mais atento às mudanças presentes no contexto eclesial e social e prevê uma capacidade de adaptação e de flexibilidade, mas também uma contínua reelaboração a partir das novidades e das diferenças presentes no ambiente real. Aparentemente, o sistema é "fraco", porque a integração das diversidades é difícil e arriscada. Na realidade, é "forte", porque leva a conhecer, explicar e interpretar a realidade, avaliando e valorizando as perspectivas novas que se apresentam.

Ao modelo flexível pertence a organização aberta do sistema comunitário, que tem como objetivos gerais da relação entre autoridade e grupo o envolvimento espontâneo maior ou a participação maior dos membros no processo decisório. Como já realçamos, desse ponto de vista as pessoas estão principalmente

---

[15] "A autoridade *burocrática* ou *racional-legal* se desenvolve quando as pessoas pretendem que o exercício do poder dependa da aplicação correta de normas e procedimentos formais. Quem exerce a autoridade burocrática chegou a tal exercício através de toda uma série de procedimentos" (MORGAN, G. Op. cit. p. 227), e isso, sobretudo, num sistema organizativo no qual é importante exercer competências técnico-profissionais específicas.

envolvidas e estimuladas na participação comum e menos centradas nas exigências normativas.

Entre formalismo e adaptação

Outra dimensão interpretativa da relação entre organização e liderança é dada pela estrutura formal/informal do sistema. Também neste caso a chave de leitura é uma modalidade útil para entender o que acontece na interação entre grupo e autoridade, quando prevalece ora um, ora outro tipo de organização, e as categorias propostas não se excluem mutuamente. São, portanto, chaves interpretativas que, aplicadas à vivência comunitária e à organização da vida consagrada, permitem ler os fenômenos vivos e captar a sua especificidade, contextualizando o seu significado.

Estruturas informais

A estrutura informal do grupo comunitário nos oferece algumas indicações sobre a estrutura "natural" da organização, cujas características examinamos na perspectiva específica que pertence a expressões comportamentais de adaptação funcional diante das mudanças estruturais, mas também diante das diversas exigências interpessoais e ambientais. "Toda organização conhece o fenômeno da organização informal, em cujo âmbito se desenvolvem as interações que se tornam, de vários modos, funcionais",[16] porque permitem uma sinergia positiva entre os diversos componentes do grupo.

O dever do líder, aqui, será, sobretudo, o de agilizar o desenvolvimento participativo dos recursos presentes, através da

---

[16] MORGAN, G. Op. cit. p. 246.

gestão das diversas alianças, do controle do impacto emocional, do crescimento e da afirmação de cada um.

Estruturas formais dos grupos e liderança

A estrutura formal de um grupo se refere à sua organização hierárquica e funcional, com o seu caráter de oficialidade e de obrigatoriedade. Ela delimita o sistema organizativo do grupo e prescreve canais comportamentais reguladores para a cooperação dos membros particulares, através da gestão e do controle dos limites e dos diversos condicionamentos estruturais. Nesta perspectiva, a autoridade oferece orientação através das capacidades carismáticas próprias, mas também através do convite explícito ao respeito pelas normas previstas para o progresso da organização. De fato, inserido na estrutura formal da própria comunidade, um superior é investido de uma posição social, de um papel. Tal posição social define-se por um conjunto de direitos e de deveres, de poderes e de responsabilidades, cujo caráter normativo é garantido pela própria organização.

No plano interpessoal, essa "investidura" formal se traduz em normas de comportamento interpessoais, cujo papel e posição colocam o superior no centro de um sistema de aspirações e de exigências nos confrontos dos irmãos e das irmãs e, vice-versa, por parte dos outros para com ele.

Mesmo reconhecendo que as estruturas organizativas formais possam ter aspectos positivos para a estruturação do grupo, se a organização se molda unicamente sobre ela, corre o risco de deter-se em relações de rotina, na adaptação passiva a expectativas que derivam de normas e regulamentos que, todavia, impedem relações espontâneas e pessoais.

É, pois, importante saber conjugar entre eles os diversos modelos e as diversas chaves de leitura, para permitir uma parceria mais autêntica na estrutura organizativa comunitária, onde cada um seja capaz de viver e formar-se ativamente na escuta e na responsabilidade dos deveres próprios, com a presença suficientemente vivificante de quem exerce autoridade.

Para uma síntese propositiva na organização da vida consagrada

A pergunta com a qual iniciamos esta reflexão psicológica foi aquela relativa ao porquê de tanta insistência sobre a organização. Depois de ter destacado algumas modalidades com as quais ler e interpretar as diversas vivências cotidianas, através dos modelos interpretativos teóricos, é importante traçar algumas linhas de síntese que este método permite entrever.

A sensibilidade às situações que vivemos em comunidade facilita a consciência de estar comprometido numa direção que unifica a pluralidade das situações. Com efeito, o estudo das organizações leva a destacar a pluralidade das "diversidades" presentes em cada comunidade: as diversidades individuais de raça, cultura, educação, habilidade e falta de habilidade interpessoais são todas variáveis que concorrem para a estruturação da organização comunitária e, mais em geral, da vida consagrada.

O superior age nesse arquipélago composto de vida concreta, e a sua ação será tanto mais eficaz quanto mais ele for habilitado a fazer síntese das diversidades ambientais não só para estimular e aplacar, coordenar e discernir entre as tantas dificuldades presentes (o que, às vezes, corrói suas energias intrapsíquicas e motivacionais), mas também para facilitar e equilibrar a capacidade de orientação dos irmãos e das irmãs que lhe são confiados, tirando proveito dos tantos recursos presentes no ambiente interno e externo da comunidade.

Se os modelos organizativos fornecem uma grade para ler os conteúdos presentes numa organização a partir da vivência cotidiana, o passo seguinte de quem tem a incumbência da autoridade será orientar a organização para uma atitude propositiva em direção ao projeto comum, e isso necessariamente desloca o eixo da atenção para o "como" proceder numa direção que leve em conta as diversidades, as riquezas e as problemáticas emergentes. Sob essa ótica, uma capacidade sadia de decisão permite, a quem exerça o dever de autoridade, mediar de maneira incisiva e eficaz as diversas condições presentes na organização, e para que indivíduos e grupos participem ativamente, segundo as próprias capacidades e os próprios limites, no caminho de crescimento comum.

Por isso é importante traçar estratégias formativas que favoreçam a reflexão sobre diversos componentes ambientais e organizativos, nos quais quem exerce a autoridade tem o dever de acolher e dar orientação. A contribuição para tal reflexão pretendeu favorecer, além da tomada de consciência do próprio mundo interior e do complexo entrelaçamento entre esfera subjetiva e relacional, a consciência da necessidade de interdependência mais propositiva do que destrutiva entre os diversos componentes da organização, oferecendo também instrumentos de leitura e de interpretação do que acontece no particular das comunidades religiosas e da própria vida consagrada, com a intenção de solicitar respeito e atenção para aquele que exerce a autoridade, para que a sua tarefa esteja, verdadeiramente, "a serviço da fraternidade, da sua construção, do alcance de suas finalidades espirituais e apostólicas".[17]

---

[17] *A vida fraterna em comunidade*, n. 48.

3

O desafio da organização na vida consagrada

Vincenzo Comodo

Uma das principais peculiaridades que caracterizam o tempo contemporâneo é constituída pela complexificação das sociedades. Um fenômeno comprovado, mas diversamente percebido, seja no plano coletivo — nas diferentes expressões organizativas —, seja no nível subjetivo — nas infinitas realidades individuais. Levados por uma consciência crítica variavelmente fervorosa, assistimos — nos casos em que esta última esteja apagada ou em *standby* — ou "ligada" — naqueles casos em que está acesa e funcionando — a progressiva, nervosa e repentina mudança social.

Se, individualmente, as razões de deixar-se transportar ou de remar contra a corrente da cultura dominante ou, ainda, aceitar apenas parte dela deve-se extrair da singularidade da pessoa, coletivamente, porém, elas devem ser avaliadas em função dos interesses da organização. No primeiro caso, a responsabilidade pela escolha diz respeito à pessoa particular, no segundo — ao contrário — interessa a todos os membros da organização.

Então, "anotando" a complexificação do tempo hodierno, *quem* é delegado para a direção de uma organização tem o dever de prover-se culturalmente para analisar o devir, de modo que possa amadurecer as melhores decisões em benefício da mesma organização.

Esta última, se por acaso também for complexa, ou seja, tenha uma estrutura articulada com um centro e várias realidades periféricas, necessita de personagens encarregadas de conduzi-la: os líderes. Enquanto tais, eles ocupam uma série de funções delicadas, não só *dentro* — como guia e como autoridade —, mas também *fora* da organização — como "representante" e referente.

À luz das intrincadas dinâmicas culturais em ação, a fim de interpretar melhor e com êxito o próprio papel, tornam-se, no entanto, indispensáveis uma contínua atualização cognitiva e uma constante atenção às metamorfoses socioantropológicas.

Prólogo

Em algumas circunstâncias, a consecução de *status* particulares acontece sem a posse de uma instrumentação orientadora fundamental. Por esse motivo — em certo "sentido" — se é obrigado a observar a bússola da intuição, do instinto, das virtudes pessoais. Mesmo não negando que certos dotes podem revelar-se felizes e ser fonte de escolhas acertadas, admite-se que uma erudição "de base" sobre o papel a interpretar, de qualquer modo, garante uma referência teórica para o amadurecimento decisório, assegura um ponto de partida na avaliação das questões a resolver, um cuidado com os perigosos enganos analíticos. O grande entusiasmo e a poderosa motivação a fazer bem, proveniente de uma recente investidura, por essa razão, nem sempre são suficientes para lançar luz sobre as diversas conseqüências das variadas demonstrações problemáticas; razão pela qual é preciso uma dotação cultural auxiliar, de modo que esclareça aspectos que, sem uma observação disciplinar ou, ainda melhor, pluridisciplinar, permaneceriam na sombra.

Enfrentando serena e honestamente essa realidade *atual* em relação à vida consagrada, analisando, portanto, friamente uma situação semelhante — não só *potencial*, mas também *real* —, verifica-se um significativo pedido de formação formulada pelo cumprimento de funções específicas de direção em âmbito quer geral, quer territorial.

Não se deve excluir, portanto, que também no contexto religioso se possa verificar a referida situação. Por isso — para explicitar os termos da *quaestio* — não se deve descartar a hipótese de que, em algumas circunstâncias, se ocupe uma posição de direção sem estar munido de um embasamento suplementar técnico e cognitivo que possa permitir — pelo menos — entender a realidade da Congregação ou do Instituto a partir de mais perspectivas de investigação e não somente da perspectiva própria e exclusivamente eclesiástica. Ao integrar e correlacionar esses diversos pontos de vista analíticos, colocam-se os pressupostos para uma compreensão mais fidedigna — porque cientificamente inspirada — e mais "vasta" — porque investigativamente ampliada — da condição de uma família religiosa.

A exigência de encher o vazio teórico "pesquisado" brota — mais ou menos conscientemente — da necessidade de motivar uma praxe nem sempre derivada de uma filtragem estratégica do próprio agir, porém originada de dotes estritamente subjetivos. Por isso a posse adequada e eficaz de instrumentos culturais a empregar para um correto desdobramento dos deveres de responsabilidade comunitária é entendido como um verdadeiro e próprio dever. Sobretudo num momento histórico como é o contemporâneo, caracterizado por uma complexidade progressiva em contínua expansão, empurrada como é por correntes e por pulsões de uma irresistível renovação social de interesse global. Uma complexidade que "investe" toda dimensão social, toda organização, toda identidade coletiva, mas também individual. Em cada setor, em cada nível.

Evidenciado esse alastramento — dificilmente refreável e quase irreversível — é obrigatório tomar medidas contrárias apropriadas, sobretudo da parte daquelas instituições "fundadas" sobre o compromisso altruístico, de uma razão humanitária, de uma conduta qualificável essencialmente em termos de doação. Sem excluir, antes mantendo — para os nossos interesses —, uma prioridade "absoluta" àquelas cristãs e, em particular, às católicas.

O motivo de uma semelhante intervenção em contrário encontra-se numa conduta missionária desligada da lógica econômica e — vice-versa — ligada ao mandamento divino, *distante* dos lucros do capitalismo tardio e da globalização, mas *próxima* dos valores da eqüidade humana diante de Deus, não "orquestrada" por interesses partidários limitados, mas "dirigida" pelos princípios do serviço. Traduzindo em termos práticos tal afirmação, diremos que, numa empresa ou numa firma — seja qual for — o estudo do futuro é argumentado e irrefutavelmente sustentado pelo "valor" do lucro, ou seja, por uma "utilidade" delimitada a um número determinado de indivíduos. Portanto, "administrar" um interesse verdadeiramente partidário rejeita categoricamente objetivos amorosos, recusa inclinações caritativas, exclui benefícios filantrópicos. Ao contrário, ao transpor essa idéia para o âmbito eclesial, mais detalhadamente o âmbito da vida consagrada, aplica-se um modelo de gestão totalmente avulso, além de *naturalmente* diferente, desde os princípios da introdução e das pulsões da cobiça. Sendo ele caracterizado pela dedicação ao próximo, por pôr-se à disposição do necessitado, por oferecer-se pela causa salvífica da humanidade inteira — sob as insígnias de um carisma preciso — volta as atenções "próprias" para o cotidiano, não para um motivo particular, mas geral. Não está sectariamente fechado, mas socialmente aberto; não é governado pelo egoísmo, mas animado pelo altruísmo; não está sancionado pela "norma" da divisão restrita, mas regulado pela partilha da bondade de Deus.

As famílias religiosas, portanto, "chamadas" a cumprir o próprio mandato num cenário histórico, como é o atual, dominado pela exasperada — além de agravada — defesa das vantagens privadas, são obrigadas a enfrentar o futuro analisando-o numa perspectiva dupla: não só devem perceber *sensível* e *sensorialmente* o *sentido* social do tempo novo, mas devem *preveni-lo* e *prová-lo* no contexto da própria comunidade. Isso significa que a vida consagrada deve viver categoricamente o dia-a-dia segundo duas dimensões: *ab intra* e *ad extra*. Com tais afirmações, certamente, não se quer anunciar o óbvio, ao contrário. Muito menos reclamar — de modo ridículo — a origem e a proveniência magisterial.

Não nos detendo no aspecto denotativo, mas passando para o valor conotativo das asserções, isso equivale a dizer que, para exaltar a obra da Congregação ou do Instituto, é preciso "sentir" a mudança do mundo e, conseqüentemente, depois de tê-la examinado exatamente em relação com o carisma, acertar as estratégias eficazes que visam propor de novo o mesmo carisma em *formas* novas. Tal prescrição não é, de fato, uma descoberta sensacional. Assumiria, porém, os contornos da novidade, se fosse traduzida concretamente e com sucesso (ao abrigo das sugestões de um significado medial) em plena ultramodernidade. Se no passado — mesmo próximo — a experiência dos consagrados se inseria num panorama público catalogado — por parte dos encarregados do trabalho — como simples, quando se instalaram as chamadas sociedades complexas verificou-se uma "relativa" complexificação também das ações dos religiosos. Se ontem era mais fácil traduzir o apostolado concretamente nos contextos em que de fato se encontrava inserido, hoje em dia a tarefa tornou-se muito mais difícil: cresceram enormemente as dificuldades de praticar a própria missão. E não tanto em termos de ação, mas de eficácia.

Não basta "registrar" os impulsos da consciência evangélica. Tampouco é suficiente decodificá-los *numa* atividade incansável. Não basta entregar-se totalmente, escalando os cumes mais elevados da abnegação; assim como não é unicamente indicado ocupar-se numa aplicação ardentemente passional. Ao contrário, é preciso, *também*, ou sobretudo, uma mixagem oportuna dos recursos — espirituais, humanos e culturais —, a fim de "comandar" sabiamente as forças missionárias na atual revolução socioantropológica em curso, com o objetivo de gerir de maneira inteligentemente estratégica os meios à disposição num momento tão delicado como é a aurora deste novo milênio.

Todavia esse alarme estratégico, gerencial, ou melhor, "administrativo", não é ouvido somente na vida consagrada: "investe" cada setor social. De um contexto ao outro, porém, é percebido com uma intensidade e com uma premência variável. Tanto que, se em alguma realidade ele não é considerado como de importância primária, em outro lugar, ao contrário, é visto como urgência premente.

Essa última e justificada classificação se verifica principalmente naqueles ambientes nos quais é calorosa a razão de viver e não de sobreviver, nos quais o ardor da existência é vivo, em que se compreende a ontologia do time em relação com o modelo de *ser protagonista* e não segundo a lógica inerte do *manter-se à superfície* ou do *deixa estar*. Portanto, onde esse *sentir* está bem "aceso" e exuberante, a inteligência é aguçada pela necessidade. A criatividade e a inteligência farejam os cheiros da alternativa, da solução, da atualização, para encontrar caminhos de saída desse impasse perigoso, além de desgastante. Então é, pois, que sob os impulsos de uma consciência veemente são soltos os pesquisadores de idéias inéditas de desenvolvimento.

Além disso, nesse mesmo *sentir* se vê a presença de uma responsabilidade exuberante, ao contrário de tênue ou murcha. Uma responsabilidade que capta o próprio valor e pondera o próprio peso. E o estima em função de um mandato, assinalado e não atribuído pessoalmente, concedido e não consignado individualmente. Uma responsabilidade proveniente de uma investidura, que coroa um reconhecimento de capacidades e de virtudes, condições indispensáveis para guiar um organismo coletivo para as metas originalmente traçadas. Uma responsabilidade conscientemente exercida através do contínuo interrogar-se sobre a possibilidade de identificar ulteriores melhoramentos, que se seguem, possivelmente, nas respostas esclarecedoras e factíveis; através do contínuo pôr-se em discussão; através da intuição repentina de uma situação problemática, a identificar, primeiro, como problema e a avaliar, depois, *resolutivamente*, evitando, assim, um agravamento da mesma questão. Uma responsabilidade que não se deita nos louros, mas que está sempre na vanguarda; que não é vivida como prêmio que satisfaz, mas é empregada como recarga das motivações. Uma responsabilidade simplesmente responsável.

Com base em tal *percepção*, afirmar ou, também, reafirmar ou, ainda, continuar a afirmar a validade e a contemporaneidade de uma *missão* constituem as prerrogativas nítidas para quem se propõe à perseguição dos objetivos que fundam uma organização. Esse princípio vale tanto parra as organizações historicamente consolidadas como para aquelas que — mais ou menos — recentemente desceram à ribalta do tempo. Isso vale para a vida consagrada.

É claro que, para seguir a onda da atualidade e, portanto, acompanhar o tempo, não se pode passar sem os requisitos antes referidos, ou seja, uma marcada tendência ao protagonismo e a uma responsabilidade edificante. Tais condições, como já foi dito, pedem não apenas um monitoramento sociocultural permanente, *para ter a situação sob controle*, mas requerem idéias e iniciativas novas, mediante as quais se pôr em primeiro plano e desempenhar, metaforicamente, um papel de ator e não de figurante, na representação da pós-Modernidade. Para fazer de maneira que essa "interpretação" do devir adquira consenso e obtenha "aprovação" por parte dos *alvos*, ou seja, daqueles aos quais se dirige, é aconselhável uma abordagem analítica mais flexível e menos ortodoxa, mais maleável e menos rebelde, mais poliédrica e menos unilateral. Isso quer dizer que, a fim de fazer uma avaliação mais ampla da organização de pertença, a aplicação de uma perspectiva pluridisciplinar adquire uma importância decisiva. De fato, ao aceitar a proposta de utilizar parte do patrimônio teórico de outras doutrinas, bem como o conjunto dos constructos conceituais e metodológicos, se aceita observar criticamente a própria condição de outras óticas analíticas.

De fato, para a resolução de problemas particulares, os caminhos de fuga podem ser "indicados" por outros campos culturais. Para fazer frente a determinadas dificuldades tendencialmente enigmáticas, o recurso a métodos "diferentes", utilizados em outras realidades, poderia revelar-se uma opção acertada. Para chegar ao fim de dilemas peculiares, as respostas "exatas" (sem dar ao adjetivo um valor positivo) podem ser sugeridas por outras expressões científicas. Portanto, *apegando-se* a uma colocação assim estruturada, será possível emitir diagnósticos mais precisos acerca de particulares "distúrbios", mal-estares ou "manifestações" de sofrimento que sejam. Assim como, a partir de um quadro mais amplo de indicadores e de índices, será mais fácil aprontar prognósticos determinantes.

Então, diante de uma semelhante afirmação, não se chocam as consciências dos tradicionalistas da ciência, ou seja, daqueles que eliminam aprioristicamente a possibilidade de sair de situações complicadas, de competência de uma matéria precisa, através das portas de outras disciplinas. Não se escandalizam os difamadores convictos de uma tal "conjectura", afetados — provavelmente — por uma rejeição estereotipada desta técnica mestiça, denotável como híbrida, mas conotável como intercultural.

Exatamente a interculturalidade nos fornece a ocasião para indicar um dos traços que definem a ultramodernidade, mas, simultaneamente, nos permite "cheirar" — para nós (por extensão figurada), farejar vulpina (adjetivação trópica da estratégia) e caninamente (qualificação alegórica da criatividade) — a "essência" deste modelo de investigação "integrado". Por isso, partindo desses pressupostos, se envia a exortação, a fim de que se disponha a conferir a eficácia de uma semelhante colocação e, eventualmente, apreciá-la e praticá-la.

Aplicando-a, em termos mais eloqüentes e exemplares, à vida consagrada, não é realmente difícil propor explorar esse ambiente servindo-se de uma instrumentação conceitual importada de outras matérias, obviamente junto com aquelas próprias do universo religioso. Aliás, diga-se que essa adoção de conceitos, de imagens, de termos provenientes de outras disciplinas já em curso, já é amplamente praticada. Não é, certamente, uma novidade! No entanto, introdução de métodos, de sistemas, de procedimentos de pesquisa em contextos diferentes daqueles de origem, readaptados à nova circunstância, demonstra a existência de uma espécie de livre câmbio e de uma circulação *livre* desses "meios" analíticos.

Os motivos de tais empregos podem derivar, principalmente, de um sentido mais comunicativo e do alto poder simbólico das expressões "tomadas emprestado", da comprovada eficácia de instrumentos de pesquisa organizados em outro lugar. Podem também depender da evolução constatada — "documentada" por uma florescente corrente literária científica — conseguida num determinado campo de conhecimento por parte de um certo ramo do saber.

A título de exemplo, pensemos na utilização da idéia de *mission* na linguagem do *marketing*. Ela é usada para exprimir qual é a missão de uma empresa, ou seja, quais são as diretrizes fundamentais a partir das quais agir; quais são as finalidades para as quais orientar a própria atividade; quais são os elementos estruturais mediante os quais se pretende perseguir os objetivos gerais e específicos das modalidades segundo as quais interagir com o mercado. Não é difícil captar nessa definição — depurada dos significados autenticamente econômicos — uma marca semântica de apelo religioso. Não é difícil a "empresa" reconhecer o "valor" *social* do agir empresarial ou, melhor, o compromisso assumido com o fim de propor (não às próprias custas) oportunidades (as mercadorias) através das quais viver de modo mais abastado e mais confortável a própria vida. Não é difícil identificar um espírito de "oferta" (mais que de doação), dirigido ao outro, flutuando na lógica da produção.

Ainda como exemplo, pensemos na acolhida reservada, por parte das ciências econômicas, ao conceito de estratégia, cuja proveniência é de natureza militar. Ele foi "alistado" e adaptado nas dinâmicas conflituais do mercado, não só como filosofia, mas também, e sobretudo, como *inteligência*, arte, astúcia. Nos domínios da economia — sobre os quais *o sol nunca se põe* — nos quais ininterruptamente se travam e se combatem embates desapiedados, se fazem alianças, estipulam-se pactos, desferem-se ataques e preparam-se defesas, ele representa, sintomaticamente, uma situação de perene hostilidade. Constitui uma das armas mais potentes de um choque econômico em curso de proporções planetárias, no qual nenhum país pode declarar-se neutro, no qual se combate *pró* ou *contra* a globalização, no qual é sempre decisiva a preparação de estratégias cada vez mais refinadas e mais astutas.

Ora, voltando à situação de fato da vida consagrada, admite-se honestamente que, enquanto parte do cotidiano, mas sobretudo enquanto expressão da eclesialidade mais oficial, ela está mais do que nunca envolvida nessa "guerra global" — mais que mundial. Não pode declarar-se fora das contínuas batalhas costumísticas e culturais, pois deve cumprir uma *missão* salvífica e universal (de maneira alguma impossível, mas pululante de insídias), a qual, por sua vez, precisa de *estratégias* refinadas e elucubradas através das quais responder, golpe sobre golpe, aos assaltos desferidos por tantos inimigos da Igreja. Isso pede, pois, um compromisso em muitas frentes. De modo particular, na frente humana ou na cultural. É necessário, então, um sábio desenvolvimento dos próprios homens e das próprias mulheres, uma gestão sagaz dos recursos cognitivos.

Contudo, é preciso, de maneira bastante peculiar e urgente, que a vida consagrada se sintonize prontamente nas freqüências da cultura do tempo corrente. E, à luz dos pressupostos acima descritos, não é difícil notar que tal exigência pode ser em parte satisfeita introduzindo no próprio interior uma *abertura* aos métodos de estudo, aos "arsenais" investigativos, aos equipamentos analíticos amplamente adaptados, além de experimentados, e regularmente empregados em outras dimensões da experiência humana. Uma *abertura* não substitutiva, mas integrativa; que não se denota paradoxalmente [!] pela exclusão do *thesaurus* conceitual preexistente, mas se conota, evidentemente [!], pela conjugação entre a tradição e a importação de outros instrumentos de pesquisa.

Não por acaso esta apresentação gira em torno de dois conceitos: *missão* e *estratégia*. E não por acaso a argumentação da *abertura* aos outros saberes foi coberta de uma provocatividade velada. Então (parafraseando a máxima maquiavélica "principesca"), se é o fim que justifica os meios e, sobretudo, se o fim é aquele "último" da salvação da humanidade inteira, isto é, da infinita bondade de Deus para com o ser humano, esse *slogan* — aplicado ao mandamento cristão — legitimaria o uso de qualquer meio para a realização de tal objetivo "absoluto", entendendo por *qualquer meio* também a disponibilidade de servir-se daquelas outras disciplinas — culturais. Portanto, o *amor* divino motivaria essa conduta "estratégica" num tempo de *guerra* global. E se, como reza um antigo e famosíssimo provérbio, "na guerra e no amor *tudo* é permitido", não seria, pois, tão *estrategicamente* errado servir-se dos *meios* não próprios da cultura eclesial para "conquistar" quem está distante da Igreja, em nome do amor de Cristo e do seu sacrifício "cumprido" para libertar o ser humano da culpa original. Sobretudo num momento belicoso e fratricida como o atual.

Dispor-se a utilizar parte do patrimônio metodológico de uma outra doutrina — para as próprias necessidades e segundo modalidades adaptadas às realidades próprias — não quer dizer que a matéria ou também o âmbito no qual ela é "acolhida" se tornam uma sua província de significado. Não equivale a afirmar que seus territórios cognitivos, nos quais convém utilizar filões de pesquisa e contribuições cognitivas de outras ciências, se estenda à jurisdição das últimas. Nem significa que o contexto cultural *hospedeiro*, considerando obsoleta e agora superada a própria tradição, esteja pronto a trazer modificações à própria identidade ou, ainda, a redefini-la ou, absolutamente, refundá-la. Nada disso.

Para demonstrar a futilidade de tais hipóteses — da frivolidade esvoaçante —, basta simplesmente voltar as atenções para os termos *missão* e *estratégia*, em função das já descritas aplicações praticadas no *marketing*. Mesmo sendo conceitos, respectivamente, de natureza religiosa e militar, "importados" para as ciências econômicas não surtiram nem a sacralização nem a militarização da economia. De maneira mais inteligente, foram utilizados (e "chamados") para explorar, representar e analisar as dinâmicas do mercado numa ótica diferente daquela tradicional, mas não em oposição a ela, porque não a negam de fato nem se conjugam com os interesses do assunto. Em virtude de uma elevada compatibilidade, comprovam que, mesmo transplantados para um outro *habitat* disciplinar, revelam-se altamente frutuosos na interpretação das realidades econômicas. A economia é e permanece tal.

Depois de ter excluído o perigo da alteração de uma ciência após a adoção de noções, de técnicas de pesquisa e de análises próprias de outras ciências, é importante sublinhar que este emprego acontece, o mais das vezes, diretamente de maneira tácita e espontânea. De fato, certas "passagens", ou melhor, certos "deslocamentos", podem ser naturalmente regulados pela circulação intrínseca da cultura. Eles se referem a todo ramo de conhecimento. Isso quer dizer que esses "movimentos" se verificam comumente entre todos os campos do saber, entre todas as dimensões sociais. Em nenhum desses, então, se registram "transposições mediatas e analógicas".[1] Nenhum âmbito está excluído, nem mesmo o eclesial.

---

[1] ALBERIGO, G. Ecclesiologia e democrazia: convergenze e divergenze. *Concilium* 5, Brescia, Queriniana, 1992.

Ao terminar este amplo prólogo, portanto, é oportuno "apresentar" uma conclusão, a partir dos fluxos interculturais que acabamos de citar e em função dos objetivos do itinerário de formação que nos preparamos para percorrer. Uma conclusão que não é fim em si mesma, pois coincide com um início, o de um caminho formativo sobre as regiões de significado da liderança.

A liderança é um conceito que surgiu na psicologia geral. Seu *boom*, a sua atualidade, a sua indispensabilidade, porém, se afirmaram particularmente no setor econômico. No entanto, para efeitos das trocas interdisciplinares plenamente *no auge*, para ele se reserva uma atenção sempre crescente em cada expressão cultural. Até a católica.

Ora, considerando que a liderança — nas asas de um sucesso "em vias de desenvolvimento" — se impõe como assunto fundamental para o controle de toda organização, mesmo as eclesiais, e constatando que o maior número de pesquisas, as aplicações mais intensas e capilares acontecem no *marketing*, sustenta-se — *apertis verbis* — que a sua introdução nas realidades dos religiosos não provoca uma mercantilização da vida consagrada. Tal perigo deve ser afastado "de partida".

Na esteira desta asserção, porém, é oportuno aduzir outras premissas e ulteriores advertências. A inexistência de uma literatura sobre a liderança na vida consagrada impõe — pelo menos — a consulta de estudos feitos em outros contextos, dos quais tirar uma fértil inspiração, para aplicar logicamente nas famílias religiosas; pede uma abordagem interdisciplinar, pois neste discurso se entrelaçam sociologia, psicologia, ciências da organização, da comunicação e econômica, peculiarmente. Todavia a liderança está ligada — o que é muito natural — a outros conceitos próprios da matéria econômica. Isso determina a necessidade de utilizar também estes últimos no desenvolvimento do assunto. Por essa razão, insistindo no princípio da simples "utilidade" de emprego dos *meios* culturais e de uma terminologia inerente de outras ciências, longe de nós o propósito de economizar a vida consagrada: a economia continua economia, a religião permanece religião; as mercadorias continuam mercadorias, os consagrados permanecem consagrados.

Correlações e implicações do conceito de liderança

Por intuição e por assonância é fácil ligar a palavra liderança (*leadership*) com a palavra líder (*leader*). No entanto, dessa simplicidade nascem significados bastante complexos. Uma complexidade não tanto de tipo terminológico quanto conceitual. De fato, não é difícil a tarefa de qualificar verbalmente a liderança.

As complicações aparecem quando é preciso fornecer as explicações certas sobre cada parte da definição, devidas à sua numerosidade, ou às várias possibilidades de examiná-las em relação com os contextos variados em que ela se impõe, em formas mais ou menos manifestas, mais ou menos percebidas, mais ou menos descobertas.

Para evitar perder-se na selva semântica do conceito e no objetivo de escavar fundamentos sólidos sobre os quais erguer gradualmente o seu conhecimento, é exposta uma série de condições "geradoras", sobre cuja base primeiro projetar e depois realizar um "compreensível" e factível projeto de análise. A primeira delas — aliás já mencionada — diz respeito à implicação da idéia de liderança na idéia de líder. A segunda, porém, é relativa a uma ligação — igualmente estreita — entre o conceito de liderança e o de organização, ou seja, de um "sistema integrado de grupos correlatos, instituídos pela consecução de um determinado objetivo" (Krech),[2] que necessita de uma personagem

---

[2] Cf. VV. AA. *Manuale di organizzazione*. Milano, Isedi, 1983.

delegada para ser guia. Personagem que, em virtude de aptidões claras para governo, deve encarregar-se da direção da própria organização, assumindo todas as responsabilidades e exercendo todas as funções que um papel semelhante comporta.

Feitos estes dois esclarecimentos, portanto, e estabelecidas as coordenadas precisas sobre os eixos das respectivas "dependências", pela propriedade transitiva, pode-se observar que subsiste uma ligação igualmente forte também entre organização e líder.

Anotando esses vínculos, não se podem desenvolver os traços da liderança independentemente da idéia de líder e da estrutura da organização.

Cientes, pois, da existência de uma tal "rede" conceitual, é preciso aduzir definições mais completas dessas "vozes" particulares. A fim de esclarecer — "desde o início" — o tema a tratar e, assim, oferecer uma funcionante (além de funcional) instrumentação analítica a utilizar sobre o "assunto". Desse modo, realizar uma "perimetração" "precisa" do campo de conhecimento a examinar e a aprofundar. Adquiridas tais noções "guias", será mais fácil interpretar a experiência da liderança na experiência da vida consagrada. Por isso, passemos a ilustrar ordenadamente os artigos em questão, acentuando as interdependências relativas.

O nexo liderança-líder

Respeitando o procedimento, o momento explicativo inicial é dedicado exatamente à liderança. Uma olhada para as pesquisas e as contribuições que se valem do termo liderança realçaria a notável variabilidade da definição que não foi mostrada. Este discurso vale — com maior razão — para o termo líder.

Este último não tem qualquer significado predefinido ou compartilhado, mas a variabilidade de emprego é impressionante nos estudos das ciências sociais, particularmente das organizações, também em relação às diferenças marcantes que o caracterizam no plano das finalidades e do nível de pesquisa. A complicar a questão está a diversa proveniência disciplinar dos pesquisadores que se ocupam com a liderança — estudiosos de gerenciamento, de economia empresarial, de organização do trabalho, sociólogos, psicólogos, antropólogos — e a polivalência das orientações de pesquisa: positivista, interpretativa, pós-moderna. Enfim, está o próprio conceito de liderança, que parece prestar-se a leituras muito diferentes — cada uma das quais constitui, por sua vez, um possível objeto de estudo — desde o momento que com ele se pretende, de vez em quando, reagrupar fenômenos de poder, de processo de influência, de símbolos, de modalidades expressivas, de aspectos inconscientes, de modelos de comportamento, de praxes organizativas.

Esta variabilidade de significado depende sobretudo dos axiomas metateóricos que guiam as diversas abordagens que dão forma aos estudos sobre a liderança. Neste nível, a distinção fundamental é entre uma visão da realidade social e da ciência social (portanto da realidade das organizações) de matriz objetivista e funcionalista e uma abordagem orientada mais em sentido subjetivo e interpretativo.[3] Quando as representações do *status* ontológico — da sua relação com a natureza fundamental da realidade social — e dos modos para chegar a conhecê-la são radicalmente diferentes, o são também os modos de compreender a liderança, modos que só parcialmente encontram expressão em diferenças de definições formais. As definições não dizem muito acerca de questões mais complexas e podem ser utilizadas de modo diverso por autores de orientações muito heterogêneas.[4]

---

[3] Cf. BURREL, G. & MORGAN, G. *Sociological paradigms and organizational analysis*. London, Heinemann, 1979.

[4] BODEGA, D. *Le forme dela leadership*. Milano, Etas, 2002. p. 3.

O domínio do conceito de liderança não está, absolutamente, "definido". Isso não quer dizer que seja impreciso, mas com tal afirmação se quer significar que, dada a variedade de fins, dos motivos de pesquisa, das definições semelhantes — provenientes de mais pontos de observação disciplinar —, a liderança foge de uma qualificação "absoluta". Mesmo opostos a um variado mostruário de definições, faz-se claro sobre um "particular", de notável relevo: o termo liderança seria considerado não como expressão denotativa de algum sujeito particular, mas como um modo de pensar na qualidade das relações sociais nas organizações.[5]

Ligando tais considerações ao nosso contexto de referência, no qual não se pode falar da existência de uma literatura oficial sobre o assunto, depara-se com um primeiro obstáculo, exprimível na seguinte pergunta: qual seria a melhor definição de liderança a utilizar-se na vida consagrada?

Não havendo uma tradição de estudos na realidade em questão, é obrigatório escolher a mais indicada para nossos interesses "folheando" a vasta amostra daquelas "dadas" e outros ambientes culturais. Utilizaremos a expressão liderança como um conceito globalmente capaz de designar o conjunto dos estudos que dirigem uma séria atenção aos fenômenos organizativos. Concordando — em princípio — com a definição de liderança proposta pelo grupo de pesquisa GLOBE (Global Leadership and Organizational Behavior Effectiveness Research Program) diremos que por liderança se entende "a habilidade de um indivíduo influenciar, motivar e tornar possível que outros contribuam para a eficácia e o sucesso da organização da qual são membros".[6]

---

[5] Bodega, D. Op. cit., p. 3.
[6] Ibid.

Esta é uma expressão a ser examinada com detalhe, analisada em cada parte sua, cada termo seu passado pelo crivo. Com tal exame minucioso será possível captar a riqueza das articulações culturais e — dedutivamente — anotar a correspondente complexidade, que "cresce" ulteriormente transplantada na vida consagrada. No entanto, mesmo prevendo — mais por excesso de cautela do que por necessidade real — uma crise de rejeição com respeito a certos constructos conceituais, nota-se que uma semelhante eventualidade é reveladora de uma atitude intelectual incorreta e não totalmente honesta, seja nos próprios confrontos, seja para com a organização de pertença. De fato, não pode ser sinceramente admitida a convivência com as práticas de influenciar, motivar, de esforçar-se para a obtenção do sucesso da equipe da qual se é componente. Também nos institutos e nas congregações de religiosos. Antes, seria preciso preocupar-se seriamente se não fosse assim! Provavelmente, a hipótese de que se pode torcer o nariz diante da definição de liderança proposta seria reconduzida predominantemente à ação dominante da cultura econômica, magistralmente patrocinada pela tardia cultura de massa.

A predominância da cultura econômica, de fato, em modalidades mais latentes que manifestas, condicionaria a atribuição de sentido às palavras particulares. Mas — *Deo gratias* — todo vocábulo foge da interpretabilidade unívoca. Muitos podem ser os significados relativos. Por isso é totalmente errôneo *parar* na primeira interpretação possível. Pelo contrário, é sinal de refletividade nítida abrir o leque das acepções e dispor-se a examinar-se em relação a esses modelos de pensamento.

Apresentada essa definição sumária de liderança, é conveniente voltar as atenções para o entrelaçamento entre ela e o conceito de líder. Isso a fim de favorecer a compreensão da própria liderança, ou de lavrar o seu terreno semântico no qual "cultivar" um outro importante significado: o de *mudança*. Procedamos, porém, com ordem.

A palavra líder é o aportuguesamento da palavra inglesa *leader*, que deriva do verbo *to lead*, que faz alusão à capacidade de conduzir. O líder, portanto, é aquele a quem compete a tarefa de dirigir uma organização. Segue-se que, para desempenhar dignamente esse papel, é imprescindível conhecer tal significado de base. Obviamente, não podemos contentar-nos com um conhecimento tão elementar, mas é preciso subir ao nível cognitivo, ampliando o desenvolvimento às outras peculiaridades de *ser líder*. E, como já foi abundantemente confirmado, uma dessas é exatamente a *liderança*.

Voltando ao que já foi acentuado, a inexistência de uma tradição de estudos sobre o assunto na vida consagrada obriganos a observar aquelas já consolidadas em outros setores do saber. Isso constitui a premissa para traçar um verdadeiro fio de pesquisa no âmbito dos religiosos. Está fora de discussão que a mesma premissa não é vinculante para o prosseguimento de tal experiência cultural, pois, uma vez empreendido esse caminho, entreveremos outras variáveis para delinear os desenvolvimentos originais nesse contexto.

No entanto, é bom nos entendermos. Não por acaso — até expondo-nos ao risco da redundância —, intencionalmente se sublinham tais condições ainda uma vez. Esta passagem tornouse necessária para introduzir outro indicador da liderança, que é a *mudança*.

"A liderança se mede com a mudança."[7] Esta é uma afirmação a ser logo esclarecida, para evitar que se entenda mal o sentido da mudança. De fato, a mudança, referida à vida consagrada,

---

[7] KOTTER, J. P. *Ma cosa fanno davvero i leader?* In: QUAGLINO, G. P. (Ed.). *Leadership. Nuovi profili di leader per nuovi scenari organizzativi.* Milano, Raffaello Cortina, 1999. p. 18.

não significa, de modo algum, modificar o carisma de fundação. Exclua-se, rigorosamente, uma semelhante idiotice! A mudança, ao contrário, é entendida ou como capacidade de analisar o devir — através de uma observação prudente e atenta —, ou como habilidade de adequar-se aos tempos, exaltando os valores "fundantes" de uma Congregação ou um Instituto nas formas do Novo. Portanto, ela é classificada como sensibilidade ao Novo, cujas percepções são traduzidas em intervenções melhorativas não apenas no interior da realidade religiosa, mas também no exterior dela. Um líder que ignora aquelas oportunidades apresentadas que o devir oferece e não as utiliza para "fazer crescer" a organização de pertença não está dotado de uma liderança viva. Mudar, portanto, não é sinônimo de revolucionar, de alterar, de transformar, de manipular, mas de melhorar. O líder, pois, que está sempre disposto a entender o momento "corrente", captando as novidades, e está sempre inclinado à identificação daquelas intervenções que visam à obtenção do *sucesso* da organização da qual é parte, possui uma liderança dinâmica.

Concluímos esta primeira definição de liderança, indicando que a da mudança é apenas uma das dimensões da mesma liderança.

O nexo entre liderança e organização

A liderança é uma exigência organizativa indispensável. Constitui uma eficacíssima forma de controle. Ao ilustrar a definição de liderança, dissemos que ela significa influência interpessoal, significa dirigir pessoas, significa assumir papéis de autoridade, significa conexão com outras formas de controle na coordenação das diversas atividades. As organizações modernas mudam ininterruptamente a sua conformação. Essa metamorfose interessa também à liderança. Os caracteres, as dinâmicas e os processos da organização moderna referem-se à exigência da liderança.

A organização se baseia em interações, em conexões, em redes relacionais de variada freqüência, intensidade e natureza (social, econômica, simbólica). As interações entre pessoas são ações recíprocas que modificam o comportamento. As interações pressupõem atores que se possam encontrar; pressupõem ocasiões de encontro; obedecem a determinações e vínculos relativos à natureza dos atores que se encontram; tornam-se, em determinadas condições, inter-relações — associações, conexões, combinações, comunicações etc. —, isto é, dão origem a fenômenos de organização. A organização se baseia em interações e, porque há organização, é preciso, portanto, que haja interações; porque há interações, é necessário que haja encontros; porque há encontros, deve haver agitação, turbulência, fervor. Quanto mais aumentam a diversidade e a complexidade dos problemas comuns a enfrentar, tanto mais aumentam a diversidade e a complexidade das interações, dos efeitos e das transformações provocada por essas interações. As interações relacionais são geradoras de formas e de organizações.

As conexões são circulares: a organização produz ordem, formas de controle, regras de comportamento, procedimentos, outras relações que conservam a organização que produziram. Tal ordem da organização é uma ordem constituída, artificial, conquistada sobre a desordem, sobre a diferenciação, sobre a complexidade, que protege das desordens. A ordem salvaguarda a especificidade e a originalidade do sistema e constitui um núcleo técnico de resistência contra as desordens externas (o contexto competitivo, tecnológico, institucional) e internas (os antagonismos latentes, a conflitualidade).[8] A ordem da organização é estabilidade estrutural, estratificada numa hierarquia; não é apenas uma espécie de esqueleto do sistema organizativo, mas permite, nessa base, instituir novas organizações, que constituirão a ordem característica para elas.[9]

---

[8]   Cf. Thompson, J. D. *Organizations in action*. New York, McGraw-Hill, 1967.

[9]   Bodega, D. Op. cit. pp. 10-11.

Baseados em tais requisitos, podemos afirmar que as Congregações e os Institutos religiosos constituem, sem dúvida nenhuma, organizações complexas, incluídas (enquanto parte) numa organização de complexidade enormemente mais elevada como é a Igreja.

Quanto mais a organização se torna complexa, tanto mais a sua ordem se mistura intimamente com as desordens.[10] Controlar uma organização e organizá-la

> representam processos relativos, frágeis, perecíveis, mas também evolutivos e construtivos. A estrutura hierárquica, funcional e integrável na idéia de organização não pode resumir em si essa idéia. Em geral, é o conjunto das regras de conexão, de interdependência, de transformação, que é levado em consideração sob o nome de estrutura, a qual tende a identificar-se com a invariante formal de uma organização. A organização é uma noção mais complexa e rica que a de estrutura.
>
> A organização, na sua complexidade, não pode ser deduzida a partir de regras estruturais. A idéia de estrutura compreende apenas uma conjunção de regras necessárias que mudam várias partes da organização. Ela permanece ligada ao princípio da ordem, é míope com respeito às interações complexas entre organização, reorganização e desorganização. A idéia de organização deve, ao contrário, referir-se necessariamente à unidade complexa, deve ser pensada de maneira não reducionista, mas articuladora de múltiplas ramificações, construída sobre os princípios de reciprocidade de ação e de retroação, de troca e de transformação, de clareza e de ambigüidade. "Guiar esta unidade complexa é tarefa do líder. Controlá-la, para 'elevá-la', se torna o seu mandato."[11]

---

[10] Cf. WEICH, K. E. *Organizzare. La psicologia sociale dei processi organizzativi.* Torino, Isedi, 1993. MORIN, E. *Il metodo.* Milano, Feltrinelli, 1983. PERRONE, V. *Le strutture organizzative d'impresa.* Milano, EGEA, 1990.

[11] BODEGA, D. Op. cit. p. 11.

Nessa atividade de condução, a "prudência" da "guia" religiosa é descoberta na sensibilidade a perceber o cotidiano e a vivê-lo em função do carisma, sem desvalorizar o patrimônio histórico-cultural da Congregação ou do Instituto. É, portanto, determinante reler a própria história — mais ou menos recente — para continuar a explorar novos caminhos possíveis na estrada do tempo novo. Corajosamente.

E é próprio da coragem, do espírito empreendedor, enveredar por itinerários formativos inéditos pelos quais a qualidade da vida consagrada se elevaria, orientada pelo Espírito Santo.

Promover a cultura de liderança na vida consagrada

Uma das tarefas decisivas que tocam ao líder é a de criar e difundir a cultura de liderança na "própria" organização. Essa necessidade surge da necessidade de instruir aquelas personagens que podem ser candidatas para o cargo de líder.

Vivendo experiências "elementares" de liderança, o indivíduo é estimulado a interpretar a realidade na qual de fato se acha inserido. Prosseguindo essa atividade de aprendizado — mais prática que teórica —, adquirirá devagar uma familiaridade gradual na execução das interpretações relativas de um momento e de uma questão a analisar, a tal ponto a tornar natural o correspondente "exercício" crítico-decisional. Aperfeiçoando progressivamente a aplicação da liderança, iniciam-se espontaneamente os automatismos comportamentais, como "definir" uma *forma mentis* precisa, harmonizada com essa dimensão específica do *ser líder*.

Habituar o membro de uma organização a pensar na ótica da *gestão da mudança*, entendida — acentua-se — como habilidade e presteza a dedicar-se ao melhoramento da equipe de pertença, significa, essencialmente, pôr uma condição indispensável e determinante para a obtenção do *sucesso* da organização da qual se é parte.

É claro que essa necessidade não pode permanecer uma simples sinalização. É depois argumentada e apoiada por oportunas indicações práticas, que visam explicitar mais nitidamente o sentido operativo de tal endereço experiencial. Mas — gradualmente — procedemos na descrição das sobreditas argumentações e das subseqüentes demonstrações aplicativas.

Passando da afirmação que para desenvolver a liderança é importante prová-la, adquiri-la, aprendê-la na prática, em qualquer organização, não é difícil transpor essa "instrução" também para as Congregações e os Institutos religiosos. Como já foi dito, também eles, enquanto organizações, "requerem" uma liderança própria. Então, é mais que legítimo, em razão da *nossa* complexidade pós-moderna e da intrínseca conflitualidade intercultural, equipar-se com prudência e com clarividência para formar uma visão estratégica, não um fim em si mesmo, mas traduzida concretamente na vivência organizativa.

Quais são, então, os movimentos a fazer para "importar" *na prática* este novo modelo para o governo da mudança, sem ficar, por isso, só no plano teórico? Quais são as passagens a realizar para "passar" (com perdão da redundância!) do nível filosófico para o executivo? Qual é, pois, a intervenção mais "urgente" a pôr em ação numa organização, a fim de, com respeito à liderança, passar das palavras aos fatos?

Avaliando esse pacote de perguntas, semelhantes do ponto de vista denotativo, mas diferentes do ponto de vista conotativo, propõe-se uma resposta de "conjunto": a *criação de uma cultura de liderança*. Uma resposta de síntese que, em razão da sobredita diversidade, contudo, pede ulteriores especificações *empíricas*, para evitar cair na armadilha colocada pelas sugestões do pensamento.

Cientes desse risco e incitados pela praticidade, é oportuno relatar e descrever os conceitos geradores e as modalidades não só principais, mas também correspondentes, através das quais realizá-la. Correlacionando essa "oportunidade" com a vida consagrada, podemos admitir que, conceitualmente, podem ser três as regras a aplicar: a de motivar, a de envolver e a de premiar. Ilustremos breve e ordenadamente.

Quanto à primeira regra, diga-se que a motivação e a inspiração dão maior energia aos indivíduos. Não tanto para impeli-los na direção estabelecida, segundo a lógica dos mecanismos de controle, mas para conquistar um sentido de pertença, de reconhecimento, de auto-estima, de verificação dos ideais escolhidos e "motivados" pela própria existência. É determinante, por isso, *motivar*, a fim de valorizar a própria presença dentro do Instituto ou da Congregação, "estimando" as contribuições que são oferecidas por todos para a causa comum ou, melhor, comunitária.

Essa disponibilidade à avaliação dos propósitos, das idéias, das sugestões, funções que cabem ao líder (que, como tal, reforçamos, é coletor de dados, de indícios, de informações), já foi colocada antes — espontaneamente — da regra do *envolvimento*. O envolvimento, portanto, favorece o sentir-se parte da organização (religiosa, especialmente). Em cada nível, em cada posição.

O líder, motivando e envolvendo, cria as condições para o alcance do sucesso da comunidade, da qual é o chefe. E empenhando-se, assim, pelo fortalecimento do espírito de corpo, pela solidificação da coesão interna, "transmite", distribui o sucesso a toda a organização, sublinhando que é a lógica do jogo de equipe ter permitido a afirmação e não a lógica individualista. É pelas virtudes e pelos carismas dos vários membros de um time que se constrói o sucesso da organização. *Premiar*, então, quer dizer, essencialmente, *compartilhar* do mesmo sucesso. Por tal partilha se incrementa, desse modo, também a auto-estima, através, porém, do aumento do sentido de pertença.

Deslocando-se na vertente das indicações relativas à criação da cultura de liderança, diga-se que ela é vista *substancialmente* como "cultivando" os futuros líderes. Por essa razão, o discurso diz respeito mais de perto às jovens gerações. É importante que os próximos "dirigentes" das realidades religiosas comecem a aprender a liderança e a exercitar-se, mais real que virtualmente, no cotidiano.

Feita essa afirmação, a pergunta surge espontânea: como? De que maneiras? Quais podem ser os modos através dos quais aprender a liderança?

Uma das melhores soluções, comprovada e com resultados satisfatórios, além de encorajadora, é a de atribuir tarefas de responsabilidade aos "próximos" líderes. A atribuição de cargos, mesmo não excessivamente exigentes, não só estimula o sujeito a não iludir as expectativas de quem colocou confiança nele — mediante a entrega de uma função —, não só está de acordo com o indivíduo "investido" desse mandato de sentir-se unidade viva da própria organização, mas também, sobretudo, permite ao indivíduo que se acostume a gerir uma situação de responsabilidade. Isso comporta, portanto, da parte do *responsável*, a ativação de todas as dinâmicas interpretativas, avaliativas, decisórias, para exercer com "sucesso" o papel assinalado. Encontrar-se diante das escolhas a fazer estimula a inteligência do *encarregado* a selecionar a idéia mais válida, a aplicá-la, depois, operativamente. Esse processo, portanto, questiona o discernimento, o qual, por sua vez, envolve todas as práticas de influenciar, de motivar e de tornar-se participante, a fim de que se alcance o objetivo estabelecido, ou seja, a obtenção do sucesso.

Outro caminho que se pode percorrer para a preparação e o treinamento dos futuros dirigentes é o de incitar a compreender a situação comunitária em chave problemática, seja na dimensão interna, seja na dimensão externa. Em suma, isso equivale a exortar as novas levas a fim de prodigalizarem-se constantemente a buscar novas idéias que se revelem fecundas e positivas — em termos de *mudança* — para toda a organização. Obviamente, isso comporta uma observação crítica e propositiva que revelaria *quem* está principalmente predisposto a desempenhar o papel do líder.

Portanto, a avaliação dos recursos humanos de uma organização, através de iniciativas de envolvimento direto, como aquelas acima relatadas, constitui um momento de verificação para testar a capacidade de condução dos líderes potenciais.

Os que ocupam o cargo de líder, então, a fim de evitar que a Congregação ou o Instituto não tenham "substituições" oportunas de dirigentes, num tempo social bastante delicado, além de complexo — como é o corrente —, deveriam providenciar a criação de uma verdadeira e própria *cultura de liderança*, de modo que houvesse substitutos legítimos e treinados, criados no próprio meio; de modo que garantissem — pelo menos — que as realidades organizativas fossem dirigidas por pessoas que tenham adquirido já uma experiência de base "vantajosa".

Em conclusão: a *estratégia* de formação demonstra, ulteriormente, quanto é determinante preparar-se para governar a mudança na ultramodernidade, sobretudo na vida consagrada. É exatamente a partir da renovação da mentalidade e da correta interpretação da cultura contemporânea — principalmente — que os valores "que fundam" as organizações dos religiosos podem reverdecer e reflorescer. Que todo líder saiba ser, portanto, também um hábil cultivador dos seus sucessores.

4

As dimensões da organização: pesquisa com um grupo de superiores[*]

Giuseppe Crea
Roberto Baiocco

O curso de formação para superiores que estava sendo preparado permitiu concentrar a nossa atenção na função de autoridade, entendido como uma expressão concreta da presença de Deus através de um serviço concreto de dedicação e de acolhida para a construção da fraternidade e para o "alcance das suas finalidades espirituais e apostólicas".[1]

Tal dimensão está constantemente presente e caracteriza o espírito de amor fraterno dos religiosos e das religiosas que estão comprometidos nesta tarefa. Ao mesmo tempo não faltam as dificuldades e os trabalhos que, às vezes, caracterizam tal encargo, seja pela contínua renovação da vida consagrada, seja pelas dificuldades interpessoais presentes nos contextos comunitários,

---

[*] N.E.: A pesquisa a que se alude aqui foi realizada na Itália, refletindo, pois, a realidade e a formação acadêmica italianas.

[1] *A vida fraterna em comunidade*. 3. ed. São Paulo, Paulinas, 1994. n. 48. Col. A voz do papa, n. 135.

seja, ainda, pelas várias fragilidades pessoais presentes em quem desempenha tal papel. Em suma: ser superior, hoje, não é fácil.

Antes de tudo, os superiores e as superioras das comunidades religiosas percebem a necessidade de renovar-se segundo um estilo que incida concretamente no próprio modo de viver a sua tarefa, e ao mesmo tempo facilite o processo de crescimento de toda a comunidade. Eles têm necessidade de aprender a formular estratégias de escuta e de direção, de aconselhamento e de liderança, com os quais possam reconhecer os recursos presentes em cada pessoa e facilitar que o grupo assuma o projeto comum, convidando todos a serem responsáveis por ele.

Isso exige uma sensibilidade nova nos confrontos do próprio modo de exercer o papel de autoridade, mas também uma atenção renovada nos confrontos das pessoas e do ambiente, para acolher os anseios e as alegrias, as frustrações, as tantas esperanças que tal encargo suscita e que estão presentes na comunidade.

De fato, quem preside a comunidade é chamado a ser mestre e autoridade espiritual, capaz de promover a autenticidade da vida comunitária na qual os irmãos realizam a sua vocação de "buscar e amar a Deus acima de tudo".[2] Como intérprete do carisma coletivo partilhado pelos outros, o superior estimula a incrementar a vida de caridade dos irmãos individualmente e do grupo comunitário, segundo o espírito do Instituto. Enfim, mediante o cargo de autoridade, ele organiza a vida comunitária através de sua função de guia autorizado e seguro, de animação e encorajamento, de modo a criar um ambiente de comunhão fraterna através de sua contribuição autorizada e atenta.

O questionário ao qual se refere este relatório final foi aplicado no âmbito do curso de formação para superiores realizado em Roma, no Claretianum. Nessa proposta formativa, como também

---

[2] *Código de Direito Canônico*, n. 618.

pelas respostas obtidas no questionário, apareceu claramente a necessidade da formação como algo importante para ajudar a quem exerce o múnus de autoridade para entender a realidade e formular novas modalidades de serviço, a fim de que todos possam redescobrir a alegria da vida comum em Cristo.

As motivações da pesquisa

Antes de iniciar o curso dos superiores, quisemos sondar a composição do grupo dos que participariam. Por isso foi enviado a cada participante um questionário, pedindo que o devolvesse totalmente preenchido. Dos 220 questionários enviados, voltaram preenchidos 198, portanto válidos para a pesquisa. O número tão elevado de respondentes indica, pelo menos implicitamente, o desejo de compartilhar a própria realidade espiritual experiencial, participando com a própria vivência na caminhada formativa desse curso.

De fato, a motivação de tal sondagem foi conhecer o grupo do ponto de vista psicossocial, mas também de levantar alguns dados específicos concernentes ao exercício do cargo de autoridade, com o objetivo de delinear um quadro relativamente completo do grupo dos participantes. Essa pesquisa cognoscitiva é muito importante num contexto de formação tão específica como é exatamente a da liderança, porque permite modular as propostas formativas e as intervenções didáticas tendo presentes as exigências específicas de formação que os respondentes destacaram, direta ou indiretamente, através do questionário.

As perguntas, formuladas de maneira simples e linear, permitiram que cada um explicitasse a própria experiência direta relativa ao papel de superior e, ao mesmo tempo, elencasse informações precisas referentes às dificuldades que encontram ao pôr em prática tal tarefa.

Graficamente, o questionário subdivide-se em duas partes, formuladas, metodologicamente, de maneira diferente para corresponder também às exigências de brevidade e de compreensão da sondagem.

A primeira parte contém perguntas fechadas, nas quais se pedem informações de caráter biográfico relativas ao estado religioso, à idade, à nacionalidade e ao tipo de profissão, ao tipo de instrução recebida, ao papel assumido na comunidade, ao número de membros da comunidade de pertença e à experiência como superior.

De modo particular, a pergunta n. 7, relativa às dificuldades encontradas no múnus da autoridade, formulada de modo aberto e neutro, permitiu que os respondentes explicitassem os próprios temores e as próprias expectativas, indicando, segundo o ponto de vista de cada um, quer o "sujeito" de tais dificuldades (se eles mesmos ou o ambiente comunitário), quer os conteúdos (relativos a "que é que" torna, hoje, difícil o múnus de superior), sublinhando, assim, os anseios, as alegrias, as frustrações, mas também as esperanças de realizar com a força que deriva da presença do Senhor.

Nas páginas que se seguem, queremos delinear de maneira sintética e suficientemente clara o quadro resumido das respostas obtidas, indicando, ainda que de modo limitado ao grupo dos participantes, quais são as tendências atuais na vivência do serviço da autoridade, hoje, na vida consagrada.

Características e composição do grupo de participantes no curso de formação para superiores(as)

Das respostas do questionário enviado a cada participante pudemos levantar alguns dados relativos à composição do grupo.

Tais indicações,[3] se bem que de caráter descritivo e não-analítico das diversas variáveis presentes, nos oferecem uma rica gama de indicações úteis para melhor compreender "quem são" as pessoas do grupo em exame.

Ao dar uma olhada geral, podemos verificar que o total dos 198 respondentes é subdividido em 184 religiosas, oito padres, cinco religiosas leigas e um irmão, o que corresponde, respectivamente, a 92%, 3% e 2% do total (ver gráfico 1).

Com respeito à profissão religiosa, a grande maioria dos indivíduos (195, ou seja, 99% do total) são religiosas e sacerdotes que já fizeram a profissão perpétua, enquanto apenas três são de profissão temporária.

De qualquer modo, todos estão inseridos, atualmente, numa comunidade, portanto vivem as relações interpessoais incluídas no cotidiano da vida comum como dimensão fundamental do seu serviço da autoridade.

Gráfico 1 – Composição da amostra

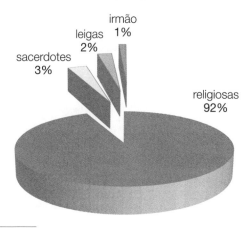

---

[3] A presente análise se refere aos 198 questionários recebidos até 6 de dezembro de 2002, e não se levam em conta os questionários que chegaram depois dessa data.

Idade civil

Um primeiro aspecto importante com vistas à compreensão dos dados coletados é dedutível da distribuição dos indivíduos de acordo com a sua idade civil.

Em geral, trata-se de um grupo mais "maduro em anos", pois 67 indivíduos (igual a 38% do total) estão na faixa que vai de 55 a 64 anos. Os outros participantes mais jovens estão distribuídos nas seguintes faixas: abaixo de 35 anos estão 11 pessoas (igual a 6%), enquanto 23 estão na faixa entre 36 e 44 anos (13%) e 36 estão entre 45 e 54 anos (20%) (ver tabela 1).

Tabela 1 – Diferença segundo a idade

	Faixa de idade				
	Até 35 anos	36-44 anos	45-54 anos	55-64 anos	Mais de 65 anos
Total	11	23	36	67	42

Gráfico 2 – Faixas de idade

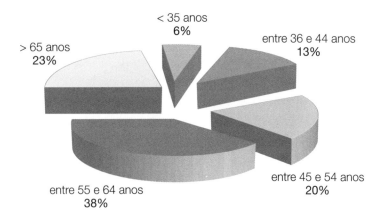

Um dado particularmente significativo é o número constituído dos que estão acima dos 65 anos (42 pessoas!), um grupo consistente de pessoas "ricas em anos", mas certamente ainda ativas e na primeira linha no serviço da autoridade.

Nacionalidade

Depois dessas primeiras considerações relativas à idade e à diferente condição religiosa dos nossos indivíduos, queremos, agora, examinar como se distribuem com respeito à sua nacionalidade. Essa variável leva-nos a prestar atenção particular ao fator intercultural e, ao mesmo tempo, permite acentuar a importância dessa dimensão na organização e na estrutura das comunidades religiosas.

Embora o grupo seja composto essencialmente, em sua maior parte, de italianos (ou seja: 179 indivíduos, igual a 90% do total, são de origem italiana, enquanto os restantes 19 indivíduos, igual a 10%, são não-italianos), muitos acentuaram a dificuldade de gerir as relações em comunidade em que estão presentes pessoas de culturas diferentes.

Título de estudo

Continuando de maneira mais específica a análise da distribuição dos respondentes de acordo com seu grau de estudo, observamos que quase dois terços conseguiram qualificação além do diploma de curso superior (ver gráfico 3).

De fato, do quadro geral se nota que só um terço do total do grupo (82 indivíduos) continuaram os estudos, conseguindo qualificações de nível tanto de diploma universitário (36 pessoas, ou seja: 18%), como de licenciatura leiga (onde encontramos 19 indivíduos, igual a 10%) e eclesial (24 indivíduos, ou seja:

Gráfico 3 – Título de estudo

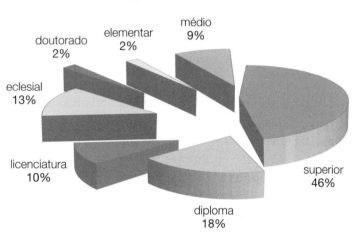

13%), enquanto dois terços (110 pessoas) não conseguiram especialização depois da escola média superior.

Isso mostra que a configuração do nível cultural dos nossos respondentes confirma a tendência, presente sobretudo entre os participantes menos jovens, de limitar a própria preparação à escola obrigatória, enquanto os irmãos e as irmãs mais jovens tendem a conseguir um nível de preparação superior.

Composição com respeito ao papel

A maior parte dos indivíduos participantes do curso são superiores(as) (168), dos quais 23 pessoas exercem simultaneamente a atividade de superior(a) e de ecônomo(a) da comunidade. Ademais, apenas 15 se apresentaram no papel de formadores, enquanto 23 sujeitos indicaram outros papéis específicos, sobretudo no âmbito da cúria geral das respectivas congregações.

Anos de permanência como superior

É interessante verificar por quanto tempo os participantes já exerceram o cargo de autoridade anteriormente.

Com relação ao grupo em geral, nota-se que o número mais consistente de respondentes se coloca ou abaixo dos cinco anos de exercício de autoridade (com 44 indivíduos) ou entre cinco e 14 anos (com 54 indivíduos), igual a 30% e 38% do total dos participantes. Ao passo que entre 15 e 24 anos encontramos 35 pessoas, correspondente a 24% do grupo total (ver gráfico 4).

Uma nota interessante é que 12 pessoas (igual a 8% do total) foram superiores no passado por um período de tempo (embora em várias ocasiões) superior aos 25 anos. Certamente, trata-se de um tempo suficientemente longo para constatar alegrias e dificuldades deste serviço!

Gráfico 4 – Anos de superiorato

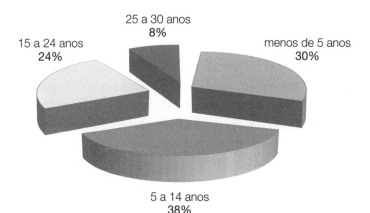

Dificuldades encontradas na gestão do cargo de autoridade

A tarefa da autoridade nas comunidades religiosas é um dom de Deus a serviço dos irmãos e das irmãs, no caminho deles de consagração concretizado através da vida comum. Se por um lado esse múnus deve descobrir-se continuamente como serviço e como apoio para que os membros da comunidade possam, de fato, crescer no amor fraterno, por outro lado, porém, não faltam as dificuldades concretas ligadas aos muitos fatores que envolvem tanto os superiores como a organização comunitária.

Para este assunto foi dedicada uma pergunta específica do questionário (pergunta n. 7: quais as dificuldades que você encontra na gestão do cargo de autoridade?), formulada de modo aberto e pouco estruturado para permitir que os respondentes explicitassem a problemática vivida no exercício da autoridade, mas também para que pudessem interpretar livremente a atribuição de tais dificuldades a *si mesmo* (ao próprio indivíduo) ou *ao ambiente da comunidade* (à organização externa ao si mesmo).

A riqueza das respostas obtidas permite fazer algumas considerações importantes sobre as dificuldades que os superiores e as superioras encontram em seu trabalho. Em particular, permite captar a tendência do grupo dos participantes no curso de formação, através da análise das freqüências das diversas dificuldades citadas e identificar eventuais prioridades relativas à formação dos participantes a ter presente no contexto da experiência formativa realizada por eles.

Diante de tal pergunta, propositalmente pouco estruturada, cada sujeito pôde responder livremente, referindo-se às dificuldades pessoais ou ambientais na gestão da autoridade.

Atribuição das dificuldades	
Dificuldades referidas a si	Dificuldades referidas ao ambiente

A maioria dos entrevistados forneceu diversos elementos de reflexão. As respostas foram codificadas e elaboradas graças ao auxílio do programa NUDIST-VIVO, um programa que permite analisar o conteúdo das respostas a perguntas não-estruturadas (perguntas abertas). Por exemplo: a resposta fornecida por uma superiora à pergunta n. 7, relativa às suas "dificuldades de partilhar as experiências e gerir situações de forte conflito", foi classificada nas categorias "partilha" e "gestão do conflito". Ou, então, a resposta "é difícil a obediência e a colaboração dos membros da comunidade porque prevalece o individualismo" foi codificada nas categorias "gestão das relações", que inclui fatores relacionais como, exatamente, o individualismo.

A análise do conteúdo permitiu evidenciar alguns "nós conceituais" (categorias) que, com uma certa freqüência, foram indicados nas respostas a essa pergunta. Deste modo, foi possível estabelecer se, relativamente ao grupo específico dos respondentes, há uma maior tendência a atribuir as dificuldades a si ou ao ambiente relacional que os circunda.

Atribuição das dificuldades referidas a si

Uma primeira área de dificuldades pessoais indicadas pelos superiores e pelas superioras nas suas respostas é a dos "aspectos relacionais" (tabela 2, gráfico 5).

Nela identificamos três subcategorias relativas ao *diálogo* (com 14 freqüências, correspondentes a 14 indivíduos que indicaram a dificuldade de dialogar com os irmãos ou as irmãs confiados a eles na comunidade), à *escuta* (sete freqüências) e à *relação entre iguais*, isto é, com os membros da comunidade (16 freqüências).

Uma segunda área de dificuldade pessoal dos superiores é a da "gestão", na qual encontramos três subcategorias. A primeira se refere à dificuldade de gestão que os membros têm das múltiplas atividades da comunidade (*coordenação das*

Tabela 2 – Atribuição das dificuldades

Dificuldades atribuídas a si (freqüência total: 124)	
Categoria	**Aspectos relacionais**
Subcategorias	Diálogo (14)* Relação entre iguais (16) Escuta (7)
Categoria	**Gestão/organização**
Subcategorias	Coordenação das atividades (3) Falta de tempo (16) Relações: • discenir e criar comunhão (16) • ativar recursos humanos (10) • gerir conflitos (6)
Categoria	**Personalidade/caráter**
Subcategorias	Impaciência (5) Não estar plenamente disponível (8) Insegurança diante das responsabilidades (14)
Categoria	**Preparação/formação (9)**

* O número entre parênteses indica a freqüência com que os indivíduos fornecem as respostas que codificamos em tais categorias.

Gráfico 5 – Quais são as dificuldades que encontra no cargo de autoridade?

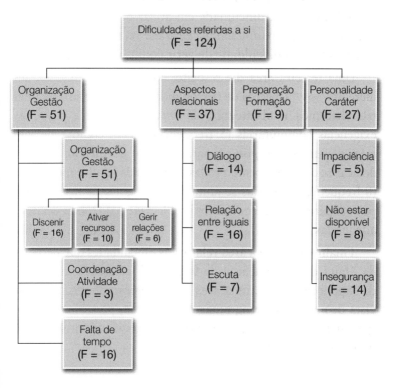

atividades, 3 freqüências); a segunda se refere à dificuldade de gestão do tempo, entendida como *falta de tempo* para dedicar a si e às pessoas da comunidade por causa das tantas coisas a levar avante (16 freqüências). Finalmente, a terceira diz respeito à dificuldade de gerir as relações no contexto da comunidade (*gestão das relações*, 32 freqüências). Além disso, esta última subcategoria compreende três ulteriores níveis de dificuldade, que podem ser distinguidos assim: dificuldade de *discernir e criar comunhão* (16 respostas), que abrange, sobretudo, o cansaço em conciliar aspectos contrapostos que, às vezes, surgem na comunidade (como a diversas vontades, responsabilidades e obediência etc.); dificuldade em ativar e estimular recursos presentes no grupo (*dificuldade de ativar recursos humanos*, 10 freqüências) e a dificuldade de gerir conflitos (6 freqüências).

Uma terceira área diz respeito, sobretudo, às dificuldades inerentes aos "aspectos de personalidade" do superior, na qual reconhecemos a subcategoria da *impaciência* diante de tantas exigências comunitárias (5 freqüências), bem como a de *não estar plenamente disponível* para a função de autoridade, para dedicar-se completamente a todas as necessidades da comunidade (8 freqüências). A estas se junta a subcategoria da insegurança pessoal para enfrentar os muitos problemas e para tomar decisões adequadas (14).

Finalmente, vem a área relativa às dificuldades que derivam da "falta de preparação e de formação" adequada ao múnus de superiores(as) (9), uma área muito importante do ponto de vista dos eventuais programas de formação, pois é sublinhado que, além da boa vontade, também é preciso formar-se para o múnus de autoridade.

Atribuição das dificuldades referidas ao ambiente comunitário

Também na atribuição das dificuldades externas encontramos algumas áreas que compreendem, por sua vez, subcategorias nas quais estão codificadas as respostas dos sujeitos (ver tabela 3, gráfico 6). A primeira área diz respeito à dificuldade dos superiores na "comunicação", em particular a dificuldade no *diálogo* com as pessoas confiadas a eles (com a freqüência de 15 respostas codificadas nesta categoria) e dificuldades em comunicar aos

Tabela 3 – Atribuição das dificuldades

Dificuldades atribuídas ao ambiente (freqüência total: 148)	
Categoria	**Comunicação**
Subcategorias	Diálogo (15) Comunicação com outros (10)
Categoria	**Cooperação**
Subcategorias	Participação (10) Confronto (6)
Categoria	**Gerir diferenças**
Subcategorias	Intergeracionais (28) De mentalidade (14) Étnicas (10)
Categoria	**Gerir relações**
Subcategorias	Dificuldades de relação e de correção fraterna (13) Caracteres difíceis (25)
Categoria	**Estruturais**
Subcategorias	Numerosidade da comunidade (6) Complexidade da comunidade (5) Dispersão no ativismo (6)

outros as próprias escolhas e as próprias decisões (*comunicação com os outros*, 10 freqüências).

Uma segunda área de dificuldades centradas no ambiente é a relativa aos diferentes obstáculos à "cooperação" entre os membros da comunidade, em particular os que se referem à possibilidade de que eles participem e colaborem com as diversas atividades comunitárias (*cooperação*, 10 freqüências) e se confrontam de modo claro e sincero com a autoridade (*confronto*, 6 freqüências).

A terceira área é a da "gestão das diferenças", uma área de dificuldade muito importante, como mostra o alto número de freqüências codificadas neste setor. As três subcategorias identificadas nesta área se referem às dificuldades *intergeracionais* (entre idosos(as) e jovens, com nada menos de 28 respostas), as diferenças de *mentalidade* entre os irmãos e as irmãs (14 freqüências) e as dificuldades de gerir as diferenças multiétnicas (*étnicas*, 10 freqüências), um problema muito notado pelos superiores, sobretudo hoje, pois nas comunidades religiosas há sempre mais pessoas provenientes de culturas diferentes.

Gráfico 6 – Quais são as dificuldades que encontra na gestão do cargo de autoridade?

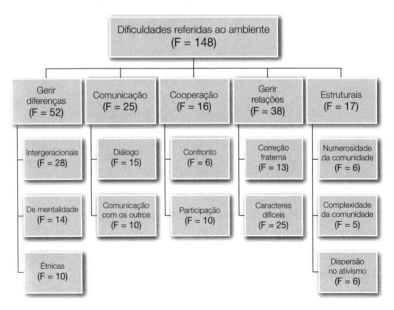

A quarta área, a da "gestão das relações", é, talvez, a área mais significativa no que diz respeito à necessidade de competências específicas para quem exerce o cargo de autoridade, como foi indicado por muitos participantes nas respostas que forneceram. Elas se referem, particularmente, à dificuldade de gerir relações interpessoais difíceis entre os membros da comunidade, também pela falta de um espírito de sincera correção fraterna (*dificuldades relacionadas à correção fraterna*, 13 freqüências). Compreende também o âmbito da presença conflitual de caracteres e casos difíceis em comunidade (*caracteres difíceis*, com 25 freqüências!).

Enfim, reconhecemos a área das "dificuldades estruturais" relativas a situações objetivas com as quais o superior se defronta. Destacamos em particular a dificuldade devida à *numerosidade da comunidade* confiada a ele (6 respostas), a co-presença de realidades difíceis de conciliar na própria comunidade (*complexidade da comunidade*, 5 freqüências) e a tendência dos membros da comunidade para dispersarem-se no ativismo (*dispersão no ativismo*, 6 freqüências).

Do levantamento à gestão das dificuldades: implicações pedagógicas da pesquisa

Qual fisionomia de superior surge dos dados à disposição? É difícil dizer, pois a finalidade do questionário não era rotular o grupo numa única categoria, tampouco porque cada um dos respondentes deixa entrever um modo diferente de ver esse serviço, segundo as situações particulares e as bagagens de experiência diferente de que cada um é guarda.

Da análise do conteúdo, destaca-se como bastante claro a distribuição da atribuição das responsabilidades entre a pessoa e o ambiente. A maior parte dos respondentes optou, de fato, de maneira clara, por informar que as dificuldades — segundo o parecer deles — são atribuíveis a eles mesmos e, portanto, à sua incapacidade de comunicar ou de gerir as relações etc.; ou por dizer se as dificuldades que encontraram devem ser atribuídas ao ambiente — por exemplo: à incapacidade de os membros da comunidade cooperarem entre si, ou à diferença intergeracional entre jovens e velhos etc.

Do levantamento das freqüências se pode ver que, relativamente ao grupo em exame, há uma tendência principal a atribuir ao ambiente a responsabilidade pelas dificuldades encontradas na função de autoridade (148 freqüências) em relação aos que, ao contrário, descobriram em si as dificuldades (124 freqüências). Isso poderia, provavelmente, indicar que, no contexto do ambiente comunitário, prevalecem situações relacionais ou estruturais nas quais é mais difícil exercer o cargo de autoridade, como demonstram as diversas respostas codificadas no âmbito da dificuldade de gerir as diferenças (52 freqüências) ou a de gerir as relações interpessoais às vezes tornadas difíceis pela dificuldade de caráter e psicológicas (38 freqüências).

Por outro lado, no que diz respeito à atribuição a si mesmo, a categoria com o número mais alto de freqüência foi a da gestão de si mesmo (51 de freqüência). Às vezes, os superiores custam a conciliar o pouco tempo à disposição e as tantas atividades confiadas a eles, bem como nem sempre conseguem mobilizar os recursos presentes para criar comunhão entre os irmãos e as irmãs aos seus cuidados.

Por outro lado, essas indicações deixam entrever uma necessidade de formação para adquirir novas competências necessárias para responder às tantas exigências da base e para dar direção ao grupo comunitário, facilitando em todos o crescimento para o objetivo comum. Noutros termos: entre os superiores emerge sempre mais claramente o desejo de viver em plenitude um múnus tão delicado como é, exatamente, o da liderança na vida consagrada.

Discussão final

A decisão de aplicar o questionário, no início do curso de formação, foi motivada pelo fato de poder conhecer a estruturação do grupo dos participantes de um curso de formação específica no setor da liderança. Através de um instrumento semi-estruturado, por uma pesquisa psicossocial se quis levantar alguns aspectos que caracterizam o modo de viver o cargo de autoridade.

A pesquisa realizada nos permitiu verificar que os superiores, já há tempo comprometidos no exercício do seu papel, desenvolvem tal dever com entusiasmo e coragem diante de tantas dificuldades a enfrentar, se bem que nem sempre em ótimas condições, sobretudo quando estão em contato com as exigências de renovação da vida consagrada.

A mesma estrutura do grupo dos respondentes ao questionário, grupo composto na maioria por consagrados (quase 99%) e com uma particular sensibilidade às propostas pedagógicas de uma renovada formação permanente, parece explicitar a necessidade de encontrar modalidades adequadas para viver melhor o serviço de dedicação aos outros através do papel de autoridade.

A necessidade de formação, já evidenciada nas páginas precedentes, não é uma dimensão casual, mas, ao contrário, é caracterizadora e motivadora para essas pessoas já comprometidas a enfrentar a complexidade de tal serviço.

Da análise dos dados, notamos que se trata de pessoas que desempenham esse serviço por um período de tempo relativamente longo. Se a isso se juntar também o fato de que quase todos os participantes são de profissão religiosa perpétua e têm uma idade média de 62 anos, temos a identidade de um grupo com "competências experienciais" dadas pela solidez da experiência de vida religiosa e pela diversidade das comunidades em que atuaram como superiores. De fato, são pessoas que podemos definir como "maduras" com respeito ao papel desempenhado, mas também maduras com respeito à sua idade e ao tempo de profissão perpétua. As competências práticas adquiridas por eles durante os anos (muitos participantes disseram ter exercido o papel de superiores ou de superioras em diversas comunidades e por um período de tempo diversificado) foram certamente úteis para exercer as múltiplas atividades entregues a eles, em particular quando tiveram de gerir situações complexas do ponto de vista organizativo (como no caso da presença simultânea de várias comunidades na mesma casa) e do ponto de vista relacional (como no caso das comunidades multiétnicas ou pela presença de irmãos e irmãs de caracteres fortes e/ou difíceis).

Ao mesmo tempo, tais habilidades ditadas pelo senso comum ou pela sensibilidade e pela experiência individual do superior nem sempre foram suficientes para resolver situações de complexidade sempre mais emergentes nas comunidades religiosas e na vida consagrada em geral. Por isso é preciso "preparar-se" com *competências de método* que sirvam de apoio às habilidades já presentes em toda pessoa chamada a desempenhar a função de autoridade. O confronto entre o nível experiencial, do qual todo superior é portador, e o teórico, proposto nos programas de formação permanente, é o pressuposto fundante de toda experiência pedagógica que possa incidir verdadeiramente na vivência dos consagrados comprometidos em guiar as comunidades como superiores e superioras.

Por conseguinte, se bem que o trabalho não tivesse nenhuma pretensão exaustiva com respeito à complexidade do tema, foi útil para sondar o campo de tal problemática em relação com as variáveis psicossociais examinadas. Os dados que surgiram, ainda que limitados ao grupo específico dos participantes do curso de formação, podem ser úteis na perspectiva de uma comparação sucessiva, por exemplo, no término do curso ou em outras sessões de formação, para ver se tal confronto — entre experiência e formação — facilita uma mudança adequada para harmonizar sempre mais as potencialidades já presentes em todo aquele que exerce a autoridade com as competências necessárias para ser um guia carinhoso e eficaz nos novos desafios que interpelam a organização da vida consagrada e da comunidade.

Estas conclusões abrem o caminho para ulteriores pistas de aprofundamento e de pesquisa no campo da atividade do superior, que serão enfrentadas nos diversos módulos do curso de formação para superiores(as). De fato, a presente pesquisa permitiu apenas constatar algumas tendências do comportamento de quem exerce a autoridade no contexto da organização comunitária. Seria interessante aprofundar posteriormente essa temática, ampliando a pesquisa sobre fatores seguintes que incidem sobre os estilos de liderança e sobre os vividos interpessoais da comunidade, de modo a verificar a importância que tais aspectos têm no trabalho de animação da comunidade.

Conclusão

Não é fácil tirar conclusões de um assunto tão complexo como é o da função de autoridade no contexto das comunidades religiosas. Com a presente pesquisa, porém, foi possível descobrir como o encargo de autoridade na realidade da vida comunitária que muda necessita competências metodológicas novas e estimulantes, tanto para quem exerce esse serviço como para os membros da comunidade. Os resultados da investigação sobre um grupo específico de pessoas, na maioria superiores e superioras de comunidades, deram indicações úteis para acentuar como, mesmo limitado ao grupo específico que foi examinado, está viva a exigência de uma formação que leve em conta os problemas reais dessa população.

Com base nos dados à disposição, foi possível identificar algumas tendências mais marcantes que permitem descobrir alguns elementos que aproximam o grupo dos participantes na presente investigação, sobretudo no que concerne à sua idade e à sua experiência de vida religiosa.

Também a dificuldade manifestada nas respostas que foram dadas indica como o cargo de autoridade é uma tarefa que interpela a pessoa nas suas capacidades de gestão e de coordenação, mas é igualmente um desafio para a organização comunitária inteira na qual se desenvolvem dinâmicas interpessoais que requerem do superior uma capacidade de acolhimento e de colaboração, mas também uma clareza de direção, a fim de que os membros sejam ajudados a descobrir o percurso comum de todo o grupo.

Eis por que é desejável que tal iniciativa de informação e de formação, como outras que poderão juntar-se a ela, pode cada vez mais fazer referência às situações reais nas quais os superiores e as superioras se encontram para atuar, para melhor proceder em direção do ideal que une toda fraternidade para ser sinal visível do amor de Deus.

Bibliografia

ACQUAVIVA, S. S. *L'eclissi del sacro*. Milano, Comunità, 1971.

APPOLONI. *Tu, 13º apostolo. Modelli biblici per uma spiritualità missionaria.* Leuman (Torino), Elle Di Ci, 1998.

ARNOLD, W., EYSENCH H. J. & MELI R (Org.). *Dizionario di psicologia.* Roma, Paoline, 1982.

ATHERTON, T. *Delegation and coaching.* London, Kogan Page, 1999.

BASS, B. M. & AVOLIO, B. J. *La leadership transformazionale:* come migliora l'efficacia orgnizzativa. Milano, Guerini, 1996.

BECCIU, M. & COLASSANTI, A. R. *La leadership autorevole.* Roma, Nuova Italia Scientifica, 1997.

BENNIS, W. G. & NANUS, B. *Leader, anatomia della leadership effettiva.* Milano, Angeli, 1993.

BLANCHARD, K. & HERSEY, P. *Leadership situazionale.* Milano, Sperling & Kuppfer, 1984.

BODEGA, D. *Le forme de la leadership.* Milano, ETAS, 2002.

_____. *Organizzazione e cultura. Teoria e método della prospettiva culturale nell'organizzazione de azienda.* Milano, Guerini Studio, 1996.

BOFF, L. *Gesù Cristo liberatore.* Assisi, Cittadella, 1973. [Ed. bras.: *Jesus Cristo libertador.* Petrópolis, Vozes, 1972.]

BORGOGNI, L. *Valutazione e motivazione delle risorse umane nelle organizzazioni.* Milano, Angeli, 2000.

BRINER, B. *Gesù come manager.* Milano, Mondadori, 2002.

BRONDINO, G. & MARASCA, M. *La vita affettiva dei consacrati.* Fossano, Editrice Esperienze, 2002.

BROUNSTEIN, M. *Como gestire i dipendenti difficili. Uma guida pratica per i capi.* Milano, Angeli, 1997.

BRYSON, L. (Org.). *The communication of ideas.* New York, Harper, 1948.

BUBER, M. *Mosè*. Casale Monferrato, Marietti, 1983.

BURREL, G. & MORGAN, G. *Sociological paradigms and organizational analysis*. London, Heinemann, 1979.

CAMUFFO, A. *Management delle risorse umane*. Torino, Giappichelli, 1993.

CIAN, L. *La relazione d'aiuto*. Leumann (Torino), Elle Di Ci, 1994.

CIOTTI, F. & RONCAGLIA, G. *Il mondo digitale*. Bari, Laterza, 2000.

CLARKE, J. I. *Manuale del leader*. Milano, Gribaudi, 2001.

COLASANTI, A. R. & MASTROMARINO, R. *Ascolto attivo*. Roma, Ifrep, 1994.

COMODO, V. Consacr@ti on-line. *Vita Consacrata* 3 (2002) 305-318.

_____. Consacr@ti on-line. La comunicazione interna in digitale. *Vita Consacrata* 4 (2002) 418-431.

_____ & POLI G. F. *Cliccate e vi sarà @perto*. Cantalupa, Effatà, 2002.

CONGREGAÇÃO para os Institutos de Vida Consagrada e as Sociedades de Vida Apostólica. *A vida fraterna em comunidade*. Paulinas, São Paulo, 1994. Col. A voz do papa, n. 135.

_____. *Partir de Cristo. Um renovado compromisso da vida consagrada no terceiro milênio*. São Paulo, Paulinas, 2002. Col. Documentos da Igreja, n. 9.

CONLOW, R. *L'eccellenza nella supervisione. Le competenze essenziali per il capo oggi*. Milano, Angeli, 2002.

COOLEY, C. H. *L'organizzazione sociale*. Milano, Comunità, 1963.

COSTACURTA, B. *Abramo*. Vibo Valentia, Qualecultura, 2001.

CREA, G. Benessere comunitario e comunicazione. *Testimoni* 4 (2003) 10-13.

_____. *I conflitti interpersonali nelle comunità e nei gruppi*. Bologna, Edizioni Dehoniane, 2001.

_____. *Stress e burnout negli operatori pastorali*. Bologna, Editrice Missionaria Italiana, 1994.

CUSINATO, M. *Psicologia delle relazioni familiari*. Bologna, Il Mulino, 1988.

DALL'OSTO, A. Cinque momenti importanti. *Testimoni* 5 (2003) 10-12.

DAMASCELLI, N. *Comunicazione e management*. Milano, Angeli, 1993.

DE MARTINO, E. *Sud e magia*. Milano, Feltrinelli, 1968.

DE NITTO, C. Responsabilità comunitarie e narcisismo nel processo di globalizzazione. *Psicologia, Psicoterapia e Salute* 8 (2002) 139-147.

DI PIERO, M. & RAMPAZZO, L. *Lo stress dell'insegnante*. Trento, Erikson, 2000.

DI RACO, A. *L'impresa simbolica. Attori e riti della comunicazione*. Milano, Sperlig & Kupfer, 1997.

_____ & SANTORO, G. M. *Il manuale della comunicazione interna*. Milano, Guerini e Associati, 1996.

DOMANIN, I. & PORRO S. *Il web sia con voi*. Milano, Mondadori, 2001.

ECO, U. *Apocalittici e integrati*. Milano, Bompiani, 1964.

EDELMAN, R. J. *Conflitti interpersonali nel lavoro*. Trento, Erikson, 1996.

EILLERS, F.-J. *Comunicare nella comunità*. Leumann (Torino), Elle Di Ci, 1997.

ETZIONI, A. *Sociologia dell'organizzazione*. Bologna, Il Mulino, 1967.

FERRAROTTI, F. *Manuale di sociologia*. Bari, Biblioteca Universale Laterza, 1988.

_____. *Trattato di sociologia*. Torino, Utet, 1983.

FIELDER, F.E. *A theory of leadership effectiveness*. New York, McGraw Hill, 1967.

FORGAS, J. *Comportamento interpersonale. La psicologia dell'interazione sociale*. Roma, Armando Editore, 1989.

FRANCESCATO, D. *Stare meglio insieme*. Milano, Mondadori, 1995.

FRANTA, H. *Atteggiamenti dell'educatore*. Roma, LAS, 1988.

_____. *Relazioni sociali nella scuola*. Promozione di un clima umano positivo. Turim, SEI, 1985.

_____ & SALONIA, G. *Comunicazione interpersonale*. Roma, LAS, 1986.

GADAMER, G. H. *Verità e metodo*. Milano, Fabbri, 1983.

GALLIMBERTI, U. *Dizionario di psicologia*. Turim, Utet, 1992.

GERGEN, K. J. & GERGEN, M. M. *Psicologia sociale*. Bologna, Il Mulino, 1990.

GIORDANI, B. *La donna nella vita religiosa*. Milano, Àncora, 1993.

_____. *La revelazione di aiuto*. Roma, La Scuola Editrice, 1978.

GOLEMAN, D., BOYATZIS E. & MCKEE, A. *Essere leader*. Milano, Rozzoli, 2002.

_____, KAUFMAN P. & MICHAEL R. *Lo spirito creativo*. Milano, RCS, 1999.

GONZÁLEZ SILVA, S. *Star bene nella comunità*. Milano, Àncora, 2002.

GORDON, G. & CUMMINGS, W. *Managing management climate*. Lexington, Lexington Books, 1979.

GORDON, T. *Leader efficaci*. Molfetta, Edizioni Meridiana, 1999.

GRANDORI, A. *Teorie dell'organizzazione*. Milano, Giuffrè, 1984.

GRUN, A. & SARTORIUS, G. *A onore del cielo come segno per la terra, la maturità umana nella vita relgiosa*. Brescia, Queriniana, 1999.

GUSDORF, G. *Filosofia del linguaggio*. Roma, Città Nuova, 1970.

HABERMAS, J. *Il discorso filosofico della modernità*. Bari, Laterza, 1987.

HOLLANDER, E. P. & JULIAN, J. W. Studies in leader legitimacy, influence, and innovation. In: BERKOVITZ (Ed.). *Advances in experimental social psychology*. New York, Academic Press, 1970. v. 5.

HOMANS, G. C. *The human group*. New York, Harcourt Brace Javonovich, 1950.

HOUGH, M. *Abilità di counseling*. Trento, Erikson, 1999.

INTONTI, P. *L'arte dell'individual coaching*. Milano, Angeli, 2000.

JACOBSON, L. F. & ROSENTHAL, R. *Pigmalione in classe*. Milano, Angeli, 1992.

JAKOBSON, R. *Saggi di linguistica generale*. Milano, Feltrinelli, 1966.

JANIS, I. L. & MANN, L. *Decision making. A psychological analysis of conflict, choice, and commitment*. New York, The Free Press, 1977.

JOÃO PAULO II. Exortação apostólica pós sinodal *Vita consecrata*. São Paulo, Paulinas, 1996. Col. A voz do papa, n. 147.

KAZMIERSKI, C. R. *Giovanni il Battista profeta ed evangelista*. Cinisello Balsamo, San Paolo, 1999.

KILIAN, R. *Il sacrifício di Isacco*. Brescia, Paidea, 1976.

KOTLER, P. & SCOTT, W. G. *Marketing management*. Torino, Isedi, 1993.

KOTTER, J. P. *I leader chi sono:* come lavorano gli uomini che sanno cambiare le aziende. Milano, Il Sole 24 Ore, 1999.

_____. *Il fattore leadership*. Milano, Serpling & Kupfer, 1989.

_____. *The leadership factor*. New York, The Free Press, 1988.

LEWIN, K., LIPPITT R. & WHITE R. Patterns of aggressive behavior in experimentally created "social climates". *Journal of Social Psychology* 10 (1939) 271-299.

LICHERI, L. *Obbedienza, autorità e volontà di Dio. Dalla sottomissione alla responsabilità creativa*. Milano, Paoline, 1999.

LONG, K. *Empowerment*. Milano, McGraw-Hill Italia, 1996.

LOOS, W. *Coaching per manager*. Milano, Angeli, 1991.

MALIZIA, P. *La costruzione sociale dell'organizzazione*. Natura e struttura delle organizzazioni complesse. Milano, Guerini & Associati, 1998.

MANENTI, A. *Vivere insieme*. Bologna, Edizioni Dehoniane, 1991.

MARTINI, C. M. *Abramo nostro padre della fede*. Roma, Borla, 2000.

MCGILL, M. E. & SLOCUM, J. W. *The smarter organization*. New York, John Wiley, 1994.

MEAD, G. H. *Mind, self and society*. Chicago, The University of Chicago Press, 1966.

MEHRABIAN, A. *Non-verbal communication*. Chicago, Aldine, 1972.

MELUCCI, A. (Org.). *Fine della modernità?* Milano, Guerini & Associati, 1998.

MESTERS, C. *Abramo e Sara*. Assisi, Cittadella, 1984. [Ed. bras.: *Abrão e Sara*. Petrópolis, Vozes, 1980.]

MONGARDINI, C. & MANISCALCO, M. (Org.). *Moderno e postmoderno*. Roma, Bulzoni, 1989.

MUCCHIELLI, R. *Apprendere il counseling*. Trento, Erikson, 1987.

_____. *Come condurre le riunioni*. Leumann (Torino), Elle Di Ci, 1986.

_____. *Communication et réseaux de communication*. Paris, Librairies Techniques, 1971.

_____. *La dinamica di gruppo*. Leumann (Torino), Elle Di Ci, 1980.

MYERS, E. & MYERS, M. T. *Les bases de la communication humaine*. Montreal, Chenelière, 1990.

NICO, P. *Convincimi! Pratiche di leadership per il miglioramento delle relazioni interpersonali*. Milano, Angeli, 2002.

_____. *Una squadra con la voglia di vincere*. Milano, Angeli, 2002.

NOUWEEN, H. J. M. *Nel nome di Gesù. Riflessioni sulla leadership cristiana*. Brescia, Queriniana, 1990.

PANIMOLLE, S. (Org.). *La fede nella Bibbia*. Roma, Borla, 1998.

PEARLS, F. *L'approccio della Gestalt*. Roma, Astrolabio, 1977.

PERRONE, V. *Le strutture organizzative d'impresa*. Milano, Egea, 1990.

PINKUS, L. *Autorealizzazione e disadattamento nella vita religiosa*. Roma, Borla, 1991.

POKRAS, S. *Come affrontare e risolvere i vostri problemi. Metodi razionali per l'analisi sistematica dei problemi e l'assunzione di dicisioni*. Milano, Angeli, 2001.

POLI, G. F. *Osare la svolta. Collaborazione tra religiosi e laici al servizio del Regno*. Milano, Àncora, 2000.

_____ & COMODO, V. *Percorsi di teologia*. Milano, Àncora, 2001.

_____, _____ & CREA, G. *La sifda dell'organizzazione nelle comunità religiose*. Roma, Rogate, 2003.

_____, _____ & _____. *Stili di leadership e vita consacrata*. Roma, Rogate, 2003.

POPPI, A. *L'inizio del Vangelo. Predicazione del Batttista, battesimo e tentazione di Gesù*. Padova, Messaggero, 1976.

PRONZATO, A. *Tu hai solo parole... Incontri con Gesù nei vangeli*. Milano, Gribaudi, 1993.

QUAGLINO, G. P. (Org.). *Leadership. Nuovi profili di leader per nuovi scenari organizzativi*. Milano, Raffaelo Cortina, 1999.

QUINTAVALLE, G. *La comunicazione intrapsichica*. Milano, Feltrinelli, 1978.

RULLA, L. *Psicologia del profondo e vocazione*. Torino, Le Istituzioni. Marietti, 1976.

SANTORO, G. M. *La farfalla e l'uragano*. Milano, Guerini & Associati, 1993.

SCHEIN, EDGAR H. *Organizational culture and leadership*. San Francisco, Jossey-Bass, 1985.

SCHIETROMA, S. & MASTROMARINO, R. Teorie e ricerche sulla leadership. *Psicologia, Psicoterapia e Salute* 7 (2001) 367-399.

SCILLIGO, P. *Dinamica di gruppo*. Torino, SEI, 1973.

_____. *Gruppi di incontro*. Roma, Ifrep, 1992.

SEGRE, A. *Mosè, nostro maestro*. Fossano, Esperienze, 1975.

SHANNON, C. E. & WEAVER, W. *The mathematical theory of communication*. Urbana-Champaign, University of Illinois Press, 1949.

SICARI, A. *Chiamati per nome. La vocazione nella Scrittura*. Milano, Jaca Book, 1979.

SMELSER, N. *Manuale di sociologia*. Bologna, Il Mulino, 1987.

STATERA, G. *Metodologia e tecniche della ricerca sociale*. Palermo, Palumbo, 1989.

TACCONI, G. *Alla ricerca di nuove identità*. Leumann (Torino), Elle Di Ci, 2001.

TENTORI, T. (Org.). *Antropologia delle società complesse*. Roma, Armando Editore, 1990.

BIBLIOGRAFIA

TETTAMANZI, D. *Giovanni il Battista. L'uomo dell'annuncio, della conversione e della testimonianza.* Casale Monferrato, Portalupi, 2000.

THOMPSON, J. D. *Organizations in action.* New York, McGraw-Hill, 1967.

TICHY, N. M. & DEVANNA, M. A. *Il leader transformazionale.* Padova, Cedam, 1989.

TRENTINI, G. *Oltre il potere. Discorso sulla leadership.* Milano, Angeli, 1997.

VANZAN, P. & VOLPI, F. (Org.). *Oltre la porta. I consacrati e le emergenze del nuovo millennio.* Roma, Il Calamo, 2002.

VV AA. *Chiesa in rete. Internet:* risorsa o pericolo? Assisi, Cittadella, 2000.

_____. *Gaining control of the corporate culture.* San Francisco, Jossey-Bass, 1985.

_____. *Manuale di organizzazione.* Milano, Isedi, 1983.

VOGELS, W. *Mosè dai molteplici volti.* Roma, Borla, 1999.

WATZLAWICK, P., BEAVIN, H. J. & JACKSON, D. D. *Pragmatica della comunicazione.* Roma, Astrolabio, 1971.

ZANI, B., SELLERI, P. & DOLORES, D. *La comunicazione.* Roma, NIS, 1994.

ZINGALE, S. *Nicodemo. Rinascere dallo Spirito.* Roma, Rogate, 2001.

Impresso na gráfica da
Pia Sociedade Filhas de São Paulo
Via Raposo Tavares, km 19,145
05577-300 - São Paulo, SP - Brasil - 2008